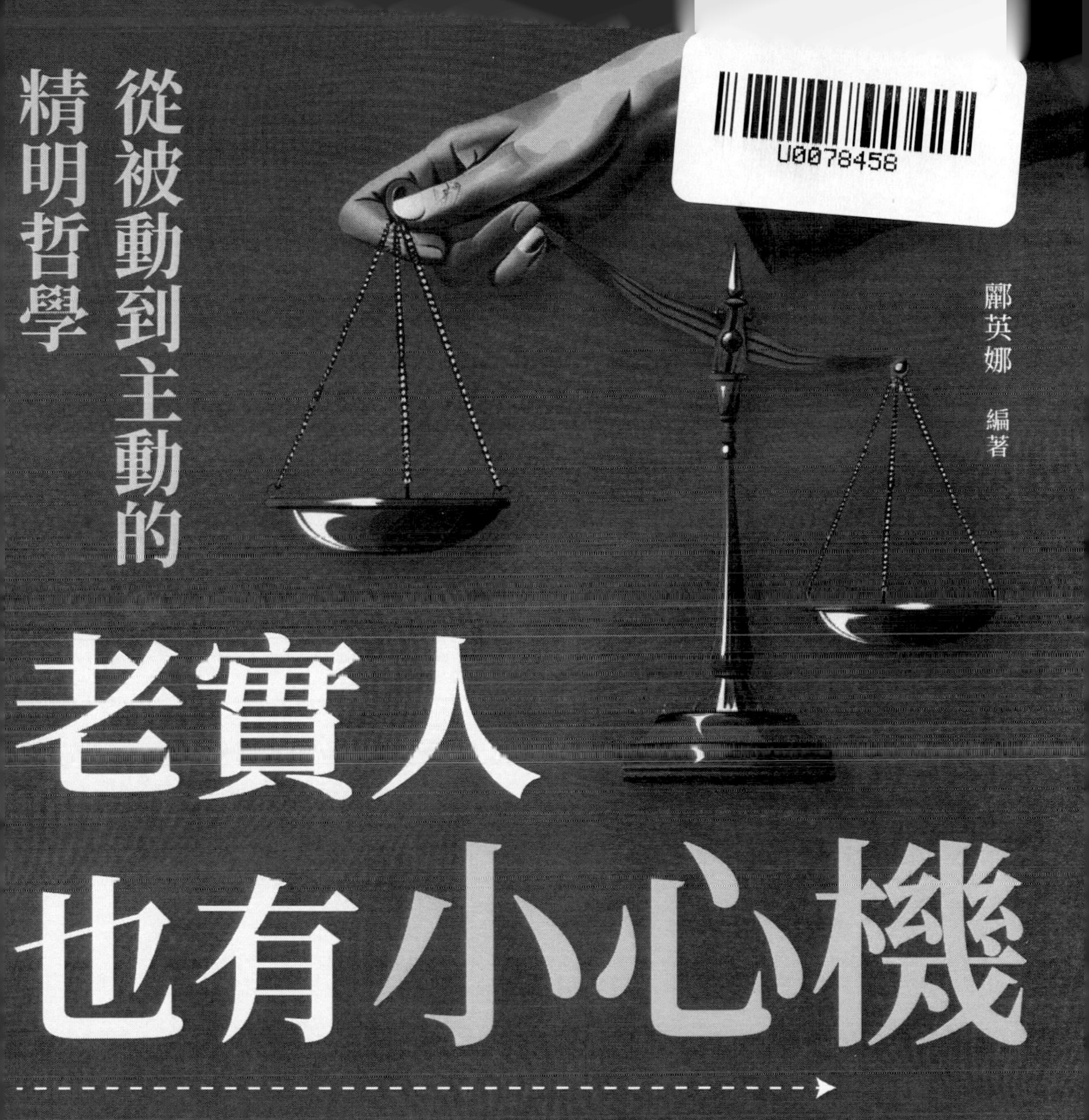

巧用心機至適度強勢，全面提升社交能力，
老實人在現代社會中的新活法

話別逢人就說，請首先考慮後果
狡猾與誠實之間的最佳平衡——

從平衡老實與不老實，到在不同情境中靈活應對
實用建議＋豐富案例，在生活中找到不卑不亢的最佳狀態！

目錄

第一章
太老實吃大虧，不老實遭人怨

第二章
別單純得像張白紙，也別心機過重害人害己

目錄

第三章
腦筋別太死，但也別想太多

第四章
別不敢表現自己，也別不識趣搶風頭

第五章
說話別太直率，也別太不實在

第六章

別軟得像柿子，也別狡猾過了頭

第七章

別做啞巴吃悶虧，也別想方設法撈便宜

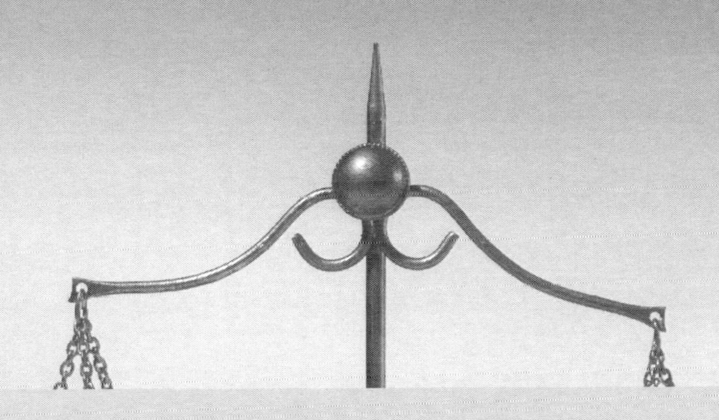

第一章

太老實吃大虧，不老實遭人怨

▼ 1. 老實人的人際關係運氣差

有位老仙和財神一起下凡，結果看見民間貧富差距大，老仙就質問財神為什麼不多分一些錢給那些窮苦的老實人，財神聽了大呼冤枉，他解釋說就算自己把錢給他們，他們也不會收。老仙不相信，執意爭辯。就在這時，有兩個老實人朝他們走來，財神便故意在他們面前變出一塊黃金，但這兩個人竟然不願相信自己會如此好運，便視而不見直接走了。老仙站在一旁只能無奈地搖搖頭，然後相信財神說得沒有錯。

雖說老實人也有老實人的福氣，但由於性格懦弱、行事呆板、不精通人情世故，老實人很容易遭受他人打擊欺負。由此可見，老實人所承受的生活風險要比其他人大。

一般來說，老實人不善於言談，社交能力一般，交友圈很小，人力資源較為貧乏，凡事都習慣於獨來獨往，加上他們向來不輕易求人，所以他們不太可能得到別人的幫助，尤其是貴人的幫助。例如很多時候一些好心人士甚至有意幫助他們達成願望，但是他們卻總是因為清高或是堅守原則而堅決地拒絕了。這樣一來即使他人有心幫助，也是無計可施；就算提供幫助，處理不當也可能會造成吃力不討好的結果，他人也就只好選擇放棄。因此，從這個角度來看，老實人不太可能依靠別人來獲得成功。

都說上帝是公平的，每個人都會有運氣好的時候；當然，能否抓住這樣的機會，還得看個人是否願意去把握。牛頓被蘋果砸到而發現了萬有引力，看似是那顆蘋果帶給了他好運，但是給牛頓帶來好運的並不完全是那顆蘋果。想想看，如果牛頓不主動去分析原因、不積極地思考，他又如何能夠洞悉其中的奧妙？雖然被蘋果砸中的機率微乎其微，但相信這世界上被蘋果砸到的人恐怕不在少數。然而，這個世界只有一個像牛頓勤於思考、積極探索的人成為了物理學的天才。老實人所遇到的問題很多時候也在於，當機會來臨時，他們雖然可能也壓根就沒意識到機會的存在，但更多時候卻是裝作視而不見。

阿陽是個非常勤奮且實際的人，他多才多藝，生活經歷也相當豐富。他曾經在工地打過工，也和別人一起合夥做過小生意，甚至當過小販，擺過路邊攤。然而，他的朋友和鄰居都開始變得富裕，只剩下他一個人還在原地踏步，無論做什麼都會遇到倒楣的事。他在工地工作的時候摔傷了自己，在做小販時連年虧損，做生意還被別人騙走了幾乎所有的積蓄。他覺得自己是個倒楣的人，運氣總是比別人差一點；其他人都能夠由逆轉順，他換了那麼多工作，卻沒有一件是順利的，每次都以失敗告終。

阿陽的朋友見他這樣，便前去勸說他，還一針見血地指出他之所以會如此倒楣落魄，完全是「咎由自取」。在工地工作的時候，別人都在想辦法偷懶喘口氣，他卻非要拚死拚活地工作，結果因過度疲勞而不小心失足從樓上摔落。做生意時，他本來也曾對他人的建議心存疑慮，但是又覺得若是懷疑人家，顯得自己做人不夠厚道，於是便貿然地把錢交給對方做投資，結果對方帶著錢跑了。至於當小販的時候，別人都在賺取價差，而阿陽卻堅持以成本定價，只因他總是對於加價於心不忍，結果可想而知，他根本就沒什麼盈餘。這些情況都源於阿陽明明知道有些事情這麼做既不犯法、又不違背常理，但他就是覺得放不開，結果倒楣的事都發生在他身上了。

朋友接著說：「為什麼你不想想，大家都在發財賺錢，為什麼只有你那麼倒楣？為什麼只有你會被別人欺負？你那麼老實，別人不賺你的錢，還能去賺誰的錢？別人不欺負你，還能去欺負誰？」雖然朋友的話有些偏激，但卻讓阿陽很震撼。這是他第一次聽到有人這麼說他，以前他只會成天抱怨自己的命不好，認為自己天生就是被別人欺負的命；而現在他再認真一想，發現事實確實如此。也許問題本來就出在自己身上，因為他太老實，所以注定吃虧。

很多老實人之所以霉運不斷，其實是因為他們被自己的性格束縛和拖累了。

有些人在等待生命中的貴人出現，而貴人往往就在他們面前，但他們卻胡思亂想，結果就錯失了機會；有些人在等待老天爺給他們一次好運，殊不知好運或許一直就在他們身邊徘徊，而他們卻從未發現，或是即使發現了也不去好好把握。生活從來不曾拋棄任何人，哪怕最不堪的人也有機會遇到好運，但這需要個人發揮主動性，努力去把握住那些足以改變自己命運的人和事。若封閉自己在狹小的生活圈裡，只會束縛自己的發展。

所以，做人不能太老實，不能總是被動地活在自我的世界裡，應該要敞開心胸，懂得變通，具備積極和主動性，盡量多交朋友、廣結人緣，尤其是和那些條件更好、能力更強的人而貴人就有可能出現其中。更重要的是，這些朋友也會有自己的社交圈和廣闊的人脈，一個人成功的機會便會增加。在交朋友時，要擺脫那些陳腐的觀念，在這個處處都愛講人情的社會上，不要將社交活動當成巴結奉承或走後門的手段。堅守原則固然是好事，但是不能太過於死板，應當克服性格上的缺陷，改變那些不利於社交的負面心態，努力為自己的成功打下基礎。

遇上機會，必須主動去發掘和把握，要知道一個人被動地等待這個社會來拯救自己是不切實際的。安分守己地等待機會降臨可能一輩子都不會有好運。唯有充分發揮自己的主動性，凡事積極行動，做好萬全準備，機會才會出現，帶來真正的好運。

因此，若總是做人老實，固守自己的原則，而不懂得在人際關係裡成功做人，也不懂得把握屬於自己的機會，那麼就注定難以走上成功之路。

▼2. 老實人是所有性格的人之中生存能力最差的

做人往往都被要求要老實，因為老實的人通常就意味著好人，但是從社會生存的角度來看，老實反而成了懦弱、死板、不求上進的代名詞，而這種人通常都有一個大缺點，就是生存能力薄弱。一個厚道的老實人通常很難在競爭日益激烈的社會中生存下去，至少與他人相比，老實人的生存機率小很多。

第一，老實人不善於社交，他們的交友圈很有限，朋友不多，值得依靠的人更是少之又少。而人力資源是當今社會生存的重要保障，一個人手頭的人脈越寬廣，其生存發展的機會就越大，抵禦社會風險的能力就越強。

第二，老實人通常都過度執著於所謂的原則，為人固執，生存手段單一，生存技巧更是低下，而且凡事不懂得變通，所以往往容易得罪別人。

第三，老實人不善於與人競爭。這個世界的資源是有限的，僧多粥少，所以會產生衝突和競爭。「弱肉強食，適者生存」是世界萬物的生存法則，弱小的人注定會被別人踩在腳下，直到淘汰。老實人往往不願意或者不知道如何與別人競爭，當然輕易地就被淘汰了。再者，老實人過於厚道而不夠警惕，且情況相當嚴重。現實看上去很完美，但總是隱藏著陰暗殘忍的一面，一旦疏忽大意，就容易讓那些明爭暗鬥的競爭者有機可乘。

結果老實人常常因缺乏自我保護意識，在競爭中就成了別人的手下敗將。

也許這種想法很黑暗，但這就是現實世界的樣貌。若是想要生存就必須懂得如何更機警明智地應對這個世界。如果一直當個老實的好人，那麼將很有可能在下一個在競爭之中被淘汰。

吳誠曾經是某大學的高材生，一直品學兼優，為人老實善良。畢業後他在老師的介紹下來到一家大型的物流公司上班，一開始工作都很順利，吳誠也踏踏實實地上班，一心一意想要穩定下來。不過很快地吳誠就發現公司裡的一些同事經常開他玩笑，或者暗地裡搞一些小動作，而且明顯是不懷好意的。吳誠向來沒有和人發生過爭執，他總是微微一笑、暗自吃虧。不過沒想到的是大家反而變本加厲，有些人甚至故意聯合起來排擠他，對此吳誠依然老老實實地承受。

同事們這樣對待吳誠原來是有原因的。吳誠自從進了公司的大門以來，就很少和同事們交流，每次都是一個人埋頭工作，讓很多人產生不滿；他們認為吳誠自命清高，看不起他們。更重要的是，吳誠打從上班以來都還沒有和部門經理打聲招呼，雖說是別人介紹的工作，可是現在畢竟被他人管理，最基本的職場禮儀還是要有的。正因為如此，部門經理很不高興，便有意讓眾人孤立吳誠。

吳誠是個老實人，從來就沒有想過看不起任何人，不諳世故的他覺得有些莫名其妙。這時有人勸吳誠請部門經理吃個飯、賠禮道歉，最好也一起邀請那些同事，藉此機會聯繫一下感情。向來泡在書屋中的吳誠哪知道這些潛規則，他覺得工作是一個人的事，怎麼平白無故地牽扯上了別人呢？他甚至義正言辭地說請客吃飯是賄賂行為。這個好言相勸的人聽了直搖頭，而吳誠卻不以為意，完全沒把事情放在心上。

過了一段時間，情況變得越來越糟糕。有一天，部門經理把他叫到辦公室裡訓斥了一頓，指責他工作消極、不求上進；此外，經理還拿出一大堆匿名的舉報信，信裡大多是同事們舉報吳誠工作態度不佳。看著這些信，老實的吳誠滿腹委屈，可是他又沒膽量辯解，只能默默地忍受著。這件事情之後，他徹底地心灰意冷，覺得自己沒有辦法待下去了，所以很快就提交了辭呈。

職場如戰場，其實生活的其他方面也一樣；這個競爭的世界原本就是看不見硝煙的戰場，所以每個人都需要更加謹慎一些。面對複雜的生存環境、形形色色的社會人士，為人處事的方式和手段要靈活多變，不要總是固執地堅持一套做法，也不要總是戰戰兢兢，一味退縮讓步。每個人都要努力做好自己，但同時也要懂得去迎合、適應周圍的環境。經商者，精明處事、打點四方，所以能貨通南北，日進斗金；為官者，八面玲瓏、圓滑世故，所以能手眼通天，平步青雲。這些人有著一套完備的生存哲學，無論在任何複雜的環境中往往都能夠應對自如、從容不迫。這些也都是老實人應該去學習的。

時代在進步，老實人也要懂得與時俱進，要懂得這個社會真正需要什麼樣的人。老老實實本身沒有錯，但是就現實的生存能力而言，老實厚道的人更容易吃虧也更難以在社會上立足。現在的世界競爭如此激烈，每個人都在想辦法從競爭對手之中脫穎而出、為自己開闢足夠的空間，那麼老實人究竟能有多少生存空間？這個世界又能留給老實人多少生存的機會？其實生活有時候只需要我們轉個彎，只需要我們變通一下。所以，從現在開始，老實人不妨試著改變一下自己，讓自己變得更加精明圓融一些，生存的機會無疑就會更大一些。

▼ 3. 要想生活變好，就從不老實開始

人常常問自己：「為什麼賺的錢總是比別人少？為什麼升遷得總是比別人慢？為什麼在同樣的環境中，有的人總是混得比較更好？為什麼老實厚道的人總是過得比別人更糟糕？」如果一個人也有上述的疑惑，那麼最後一個問題其實就是答案，因為它比其他一切理由都來得更加真實。

我們的生活中到處都存在馬太效應（Matthew effect）—係指社會中出現一種強者越強、弱者越弱的現象。那些看似不老實的人總是越過越好，而那些本分厚道的老實人卻過得一日不如一日。這些都是事實，就算一個人再如何說服、安慰自己也改變不了。

生活中，沒有人不希望自己過得更好一些，沒有人會詛咒自己越過越窮，老實人也是有著改善生活的需要和想法。不過任何美好的生活都不是從天而降的，每個人都要去努力爭取。想要改變生活就要了解問題的所在、比他人差的原因和需要改進的地方；簡單來說，就是補充自我所缺乏的東西。

那些生活得比老實人更好的人身上都具備一個共通點—不夠老實；這種不老實並不是道德上的，而是指這些人都充滿著野心。

法國媒體大亨巴拉昂在臨終前曾經立下一份特殊的遺囑，其中有一道題目：「窮人最缺什麼？」據說這道題的答案就是巴拉昂先生成功的祕訣。由於巴拉昂出生貧困，早年的生活非常落魄，在他成功之後，他漸漸領悟到了窮人的成功法則，所以他懸賞一百萬法郎來尋找志同道合的人。這道題目被媒體公布後，解答的人趨之若鶩，大家都很快寄來了答案。有的人說窮人最缺錢，有的人說窮人最缺智慧，有的人認為窮人最缺的是技能；甚至還有人覺得窮人最需要的是總統那樣的職位和權力。寄來的答案各式各樣，但始終沒有人猜中。數天之後，一個名叫穆勒的小女孩寄來了答案，上面寫著：「窮人最缺野心。」而這正好是巴拉昂成功的祕訣。

窮人最缺野心，老實人同樣缺野心。人時長提倡知足常樂的概念，其實這在某種程度上就是說人要懂得知足，不能貪得無厭。人要有野心，就不能過於死板、太過於知足。每個人都希望自己生活得美好，而一個人想要獲得這樣的生活就要擁有對美好生活的渴望，就要有改變生活的動力。一個人如果一點都沒有野心、沒有理想，就不會存在改善生活、追求高品質生活的動力。因此，老實人應該敢想敢做，擁有一定程度的理想和更高的追求。

此外，與老實人相比，不老實的人處世方式更加靈活多變、懂得人情世故以及利用謀略和手段來追求自己想要的東西。然而，老實人辦事太過死板，且不講求策略和技巧，做任何事情都直來直往，不懂得轉彎，又不善於社交，自然時常吃虧。這種人是不適合在競爭環境中生存的，因為他們很難去打敗那些有門路、有人緣、有心機、懂得變通的人。

賈壘是個老實謹慎的農民，由於個性因素，他不太喜歡和別人相處交談，更不了解人情世故。正因為如此，他一直沒有找到一份適合自己的工作。他的生活環境一般，總是讓他壓力很大，老是希望能和比爾一樣過上好日子。不過他為人太老實，根本沒有辦法適應職場中爾虞我詐、交際應酬的競爭環境，而且他又不善於表現自己，所以一直沒什麼發展機會。

換了幾份工作後，賈壘覺得自己還是開個小店鋪，為自己工作，這樣不僅比較自由，而且還不必和別人爭鬥。家裡人也認為賈壘這樣的人根本不適合去外面工作，去外面工作只會受別人的欺負，很難有什麼作為。重要的是他們發現隔壁的一些人也在縣城裡開店，生意還很興榮，日子過得很不錯。所以他們也認為開店或許會改變一下賈壘的生活狀況，但是他們同時也告誡賈壘，以後做人做事要靈活一些，該不老實的地方就不用太老實，畢竟做生意就是要「圓滑」一些。

不過都說江山易改本性難移，因為性格使然，賈壘做起生意來還是老實忠厚，從來就不知道怎樣去賺更多的錢，也不知道如何在產品價格上做一些調整。很多時候他甚至是按照原價或者是成本價賣出自己的產品，這樣不但他自己賺不到錢，還讓周邊的同行抱怨不已，大家認為他故意引起價格戰，要麼就是賣次等的產品。同行們都紛紛上門譴責，不懂人情世故的他根本不知道如何解決雙方的矛盾，每次都是低著頭不言語，於是大家在暗地裡紛紛聯合起來排擠他。因為種種原因，賈壘的生意越做越差，剛開始還能有一點盈餘，到後來只能勉強保住成本了，眼看著別人家的生意越來越好，自己的生活條件卻沒有多大改善，賈壘可謂是一籌莫展。

有一次，一個朋友去賈壘店裡做客，得知賈壘的情況後，朋友提了一些小小的建議給他，那就是以後無論賣什麼東西，都要精明一些。比如店裡面的一些特色產品，就完全可以適當提高一下價格，物以稀為貴，尤其是那些特別的產品，完全可以提高賣價。既然自己當老闆，那麼就應該具有一定的價格控制權。朋友的話一下子刺激到了賈壘，事實的確如此，都說無商不奸，無奸不商，那些「不老實」的商人往往更容易賺錢。想明白之後，賈壘開始有意改變自己的經營方式，在不違反道德和法律的前提下，他開始會打一些小算盤，開始嚴格把關每一個環節，沒過多久，他店鋪的利潤果然提高了一大截。

一個人想要擁有更多的財富和更加美好的生活，就需要努力去奮鬥，就需要改變自己原有保守的固執想法，勇於打破常規，不要總是被那些死板的框架限制。美國華爾街上的菁英們幾乎都是一等一的富豪，他們的一舉一動都在牽動著美國經濟乃至世界經濟的發展。香車、美女、名酒、別墅，他們這樣的生活總是讓人羨慕不已，而美好生活的獲得與他們善於謀略和變通是密不可分的。他們都是圓滑甚至是狡猾之人，如果老老實實守著那些規則，那麼他們當中的多數投資者都要虧得血本無歸。規則永遠是死的，而人可以靈活應變，如果一個人總是專注在死規則上，那麼他的成功之路也就會被堵死。當成功有多條道路時，千萬不要固執地走那條羊腸小道，守得住規則，很可能就守不住未來美好生活的希望。

多觀察那些「不老實」的人，多去了解他們，就會發現，那些人之所以可以把生活過得越來越好，一定程度上是因為他們社交能力強，而且人脈非常廣，這就為他們的工作和生活提供了很大的便利；求學的人能夠找到最好的導師和學校，做生意的人可以很快找到資源和市場，做投資的人可以很快找到好門路，為官的人能夠快速升遷。現如今的社會，人力資源正在成為自我發展的主導力量，無論做什麼都要靠關係，老老實實一個人單幹、一個人獨行的成功之路很難行得通。想要提高生活水準，自己就要努力去結識更多的人，就要懂得變通、圓融、世故；朋友、客戶、潛在的合作者和生命中的貴人都會幫助自己獲得更好的發展機會和發展空間。

老實人性格懦弱，自信心不足而且欠缺勇氣欠，辦事只講規則而不知變通，只會埋頭苦幹而不知謀略技巧，這樣的人不僅硬實力不行，軟實力也很「軟」，自然而然，就沒有任何資本去創造美好的生活。所以你如果是個老實人的話，就一定要努力改變自己的性格，努力去彌補自己的缺陷，某一天，當你變得不那麼老實的時候，美好的生活或許就會慢慢向你招手。

▼ 4. 可以不老實，但也別太不老實

《紅樓夢》中人物性格最鮮明的莫過於精明能幹的王熙鳳了，作為賈府權力的實際代理人，她利用自己的聰明、圓滑和世故將整個家族管理得井然有序，上上下下都被她打點得很好，可以說她對賈府有著巨大的貢獻。這樣一個能力出眾、精明過人的女強人自然是賈府需要的；然而王熙鳳為人過於精明，凡事都工於心計、到處害人，最後聰明反被聰明誤，落得死後草蓆裹身的悲慘下場。曹雪芹對她的評價是「機關算盡太聰明，反誤了卿卿性命」。

你是否也常常為自己耍的一點小聰明而沾沾自喜？比如：賣東西時不懂得開拓市場，不懂得聯繫客戶，也不懂得貨比三家，卻會一門心思想辦法偷斤減兩、賣次等品；買東西時不知道如何去討價還價，卻總想著法子順手牽羊；工作時不懂得和競爭對手互助合作，共存雙贏，卻總是想一些歪門邪道來排擠對方。我們常常將生活的每一個環節都算計得清清楚楚、明明白白，我們自以為聰明，自以為了不起，自以為收穫甚大，殊不知天公地道，自己所做的一切都只會自取滅亡。一個人如果適當地聰明圓滑，那麼他的生存能力一定非常出眾，事實上，這個社會也要求我們要圓融一些。但是凡事都要講究一個原則，做人也是如此，你可以飽經世故，可以

偶爾不那麼老實，可以多長幾個心眼，但為人處事也不能太不老實，不能太過奸猾狡詐。

不老實也分層次，也講究級別，圓滑和奸猾是兩碼事，一個代表處世的技巧和手段，是外在的表現形式，另一個則關乎一個人的素養和作風，更傾向於內在的性格。如果說圓滑只是一種量上的變化，那麼奸猾則是質上的變化；一旦過於不老實，為人處事的性質就會改變，其心也就變了。圓滑的人會被別人認為有能力有智慧，而那些奸猾的人卻總是使出一些卑鄙的伎倆；圓滑的人有自我保護意識，所以偶爾有防人之心，而奸猾的人卻過度自我防衛，常常有害人之意；圓滑的人追求利益時，盡量追求雙方雙贏，而奸猾的人卻總是以損害別人的利益來滿足自己的私慾；圓融的人與人相交，趨利也交心，奸猾者永遠都抱著利用別人的想法。

一個奸猾的人，處處只會想著自己，凡事都以自己的利益為中心，不顧他人的感受，甚至有意去陷害別人。他們心術不正，為人太過自私陰險，當面說一套背後做另一套，口是心非、過河拆橋，還喜歡利用和背叛別人。這樣奸猾的人，別人會上他一次當，但絕不會接連上當第二次、第三次，最終的結果就是他很難真正獲得別人的信任，缺少真正的朋友，只會被人孤立和厭惡，讓人遠遠躲避，不願意與其有任何交往。另外，這種人過於看重利益，哪怕僅有的一點也不願意放過，所以總是患得患失，這樣一來最終反而也會一無所獲。

彪子原先走南闖北，和別人合做過生意，但是他為人太過精明，不論是對客戶、競爭對手還是對自己的合作夥伴，他都喜歡算計，總想從別人身上多撈一點便宜。很多人都吃過他的苦頭，客戶們對他敬而遠之，一些競爭對手也恨他恨得咬牙切齒，就連他的夥伴也常常覺得他難以相處，更不能與他合做生意，以致後來與他翻臉。

這件事並沒有讓彪子意識到自己身上存在的問題，他覺得在商言商，商人原本就應該精明一些，就應該不老實一些，要不然何來利潤。而且他近幾年雖然生意偶爾受挫，但是身家卻越來越豐厚，口袋裡的錢越來越多，他覺得比起多數從商的人，他算是比較成功的一位了，而這全部得益於他自己的精明能幹。

不久之後，彪子準備承包一項工程，由於手頭上的資金不夠，他決定和別人共同出資承包，不過他在合約中註明自己一定要是法定代理人，全權負責工程的執行，而且在按比例分紅的基礎上要多分得一些管理費用。這讓其他的幾位承包商覺得很不是滋味，他們都知道彪子的為人，了解他是一個唯利是圖的人。但想到畢竟這項工程是彪子接下來的，而且對方還是最大的股東，至於自己無論有沒有權力，無論是多拿分紅還是少拿分紅，好歹都還能賺到一點錢，這幾位承包商也就不多計較了。

不過，事情並不像他們想像的那樣簡單。經過一段時間的相處之後，他們發現彪子這個人很不老實，常常貪圖一些小便宜，甚至不惜損害股東們的利益，有時候還以各種名目來追加投資款項。隨著施工進度的進行，他更是提出一些無理要求，這讓他們敢怒不敢言。其實，彪子早就知道這個工程肯定是會盈利的，大家都看著眼紅，他想自己只要保證在工程完成之後讓股東們賺到錢，那麼平時多扣除一些根本沒關係。沒想到隨著怨氣的加深，幾個股東實在難以忍受彪子了，寧願不賺錢也不願忍受他的擺布，於是紛紛提出退股撤資。這下彪子徹底慌了，因為他在承包專案時，曾經簽下合約，一旦違約或者不能按期交工，那麼他將支付雙倍的違約金和罰款。

幾個合作人走後，彪子想辦法籌集資金，可是銀行卻不敢一下子借貸那麼多款項，而招收其他合夥人的想法更是難以實施，因為很少人願意再和他這樣精明的人合夥做生意。由於資金鏈斷了，彪子一下子陷入困境。一年之後，他因無法支付高額違約金而宣布破產。

很多時候，每個人都要靈活一點，不要死腦筋，而這個「活」就是做人的彈性，就是做人的大智大慧。所謂彈性，就是一種界限內的空間。做人做事都要懂得掌握好原則，要懂得將自己的行為控制在別人允許的範圍之內。我們有權利去追求利益，有權利去更有效地爭取美好生活，但是一切都要有所遵循、有所制約。我們一定要對自己的行為負責，也要對周圍的人負責，如果對他人、社會造成了影響，自己就必須一手承擔。為了避免出現不良的影響，我們就必須要從控制自己的行為和觀念做起。

第一，不要總是以世俗的利益來看待友情、親情和愛情，更不要總是想著利用別人，與人交往的時候要盡量拿出真心，要真誠守信，取悅於人的同時更要取信於人。

第二，自己能夠取得的東西，就努力去試一試，對於那些自己得不到或不能得的東西，也不要心生妒忌。凡事適可而止，不要起貪婪之心，更不能心生歹念。

第三，不要過分看重名和利，不要損人利己，重要的是經營好人脈，取利時盡量留人一分，分人一杯羹，這樣既能增加感情，也能獲得他人的信任和尊重。

第四，做人也不能只看重眼前的利益，任何事情都要看得長遠一些，這樣才不會利慾薰心，才不會唯利是圖，才不會一朝就敗光人品，也才能懂得如何持續性發展。

法國作家法蘭索瓦·德·拉羅希福可（François de La Rochefoucauld）說：「詭計是一種貧乏的精明。」每個人都要懂得束縛自己內心中最狂野最原始的慾望，克制自己的行為，約束自己的極端思想。俗話說過猶不及，一個心術不正、太不老實的人太過講究心機和手段，時時都準備著如何利用別人、陷害別人，實際上就是讓自己陷入一種被孤立的境地，想盡辦法得到更多，最終也只會失去更多。

「君子愛財，取之有道。」做任何事情都要尋求一種更為道德的方式，無論是求權還是取利，都要堅守做人的底線，都要有一個最基本的行為規範。人追求利益這本身沒有錯，但關鍵是其所採用的方法和道德良心是怎樣的。不要為達目的而不擇手段，這樣只會讓人心寒，讓人側目。要知道的是，人生的奮鬥歷程不是肆無忌憚地索取，而是有價值、有道德的索求。正如名家佛雷·夸爾斯所說：「我們要精明地處世，但不要世俗的精明。」

▼ 5. 不要太老實，也不要太不老實

做人很難，做圓融之人也很難，增一分機敏則太過陰險奸詐，減一分機敏則太過迂腐厚道。非常老實的人和那些非常不老實的人是社會人士中的兩種極端，前者性情憨厚，胸無城府，連基本的防備之心也沒有，所以往往人見人欺，人見人踩；後者陰險自私，滿肚子的陰謀詭計，處處算計於人，往往人見人怕，人見人恨。前者胸無大志、隨遇而安，沒有什麼理想，也容易滿足現狀；後者野心勃勃，處心積慮地爭權奪利，貪婪之心，路人皆知。前者人脈稀薄，孤軍作戰，從不求人，主動疏遠於人，後者善於社交卻處處利用別人，被人疏遠。前者不知人性善惡，後者算盡人心；前者只知道埋頭苦幹，後者想辦法投機取巧；前者早起不為利，後者常常無利不起早；前者心直口快，說一就是一，後者花言巧語，口是心非；前者愚鈍，被當成傻瓜；後者奸詐，被看作是小人、壞人。

這兩種人相差千里萬里，但是有一點幾乎是相同的：他們都難以在這個社會上長久地立足生存，一個容易遭人排擠淘汰，另一個容易遭人忌恨孤立。許多老實人往往處在社會的底層，他們很難獲得爬升的機會，而那些太不聽話太不老實的老油條，雖然一時之間能夠春風得意，但是長久下去終究會從高階跌落。正因為如此，每個人做事的時候都要掌握好原則，

不要輕易越界走上極端。

韓小天是某大學的學生，學習成績很好，人緣也不錯，大家都非常喜歡他，可問題是他為人太過老實忠厚，往往別人說什麼就是什麼，從來不會自己去思考這樣做對還是不對。正因為如此，有些同學就總是戲弄他，有事沒事就和他開玩笑。大家表面上對他非常好，但私底下卻常常占他的小便宜，而且常常認為他只是一個傻傻的書呆子。

他一直以為自己很受歡迎，也願意帶給別人歡樂。不過有一次，他在上洗手間的時候，偶然間聽到了宿舍裡的兩個男生在談論自己。韓小天第一次得知自己在同學們心目中的形象和地位原來竟是如此不堪，一直就只是個老實的傻瓜。這些話對韓小天的刺激很大，他覺得自己原先的想法是多麼可笑，別人不過是把自己當成老實的玩物罷了。

那一晚，韓小天久久難以入眠，同學的話一直在耳邊迴盪。其實他根本就不怨這些同學，也許他們只是實話實說罷了，或者是出於好心。不過韓小天覺得自己的確應該改變一些形象了，千萬不能再成為別人的笑柄。這一次的決定完全改變了他自己。從此之後，韓小天開始不再那麼愛笑，雖然也能和同學們聊天說話，但是膽子明顯大了，說話的方式也改變了。別人拿他開玩笑的時候，他也反過來拿對方開玩笑，人也不像以前那樣唯唯諾諾了；別人讓他辦事，他總是會思考半天，更重要的是，他常常會考慮一下是不是有什麼好處可以拿，如果沒有利益可圖，他就會乾脆一口回絕。

對於韓小天的這些變化，同學們都明顯地感受到了，他們發覺他開始變得很世故，而且愛貪圖小便宜，總是算計著別人的東西，為了自己的利益，常常不顧他人的感受，不顧及同學的面子，甚至做出一些違反校規的事。同學們覺得很奇怪，因為他前後的差別實在太大了，而且他現在的所作所為的確讓人覺得有些過分了。同學們曾經試著去勸說韓小天，希望他不要總是把利益看得太重，沒想到他冷冷地回應道:「我當個老實的傻瓜，你們才會更加開心對吧！」同學們都被激得沒有話說。自此以後，大家開始排斥韓小天，不再願意和他說話，就連宿舍裡的一些好哥們也漸漸疏遠他。

既然太老實和太不老實都不好，那麼做人不妨中庸一些，凡事盡量折中一點。既不要太過呆板，也不能過於偽詐，要圓融聰慧；心中不可以毫無警惕，但也不能生惡計，必須心中有數；不能一點人脈投資也不懂，但也不要做感情投機，要懂得真誠結交；不可一點心機不留，防人之心絕不可輕易丟掉，但也不可處處設防設陷；不要事事自己吃虧，更不可事事讓別人吃虧，凡事盡量互助互利；不能一點不爭一物不取，卻也萬不可事事相爭物物盡取，而是該取則取，該退則退。

正因為如此，我們首先就要低調謙卑一點，在原則面前，很多時候不妨變通一下，睜一隻眼閉一隻眼，只要沒有超過底線就行，不要總是拿那些死規定說事，與人方便往往也與己方便。在社交方面，我們要有目的性地交友，要懂得自己需要結交怎樣的朋友，需要明確自己適合與哪一些人交往，但是也不要太過目的性。待人接物要真誠以對，要懂得尊重和信任別人，只有這樣，別人才願意真心和我們交往，才願意盡心盡力地幫助我們。而在追求人生所求時，我們要努力拿出自己的勇氣和魄力，要勇於冒險，不能畏畏縮縮，但是也不能肆無忌憚、有恃無恐。要盡量控制自己的慾望，要控制自己的行為方式，而且要懂得利用謀略來達到目的，不要總是依靠蠻力來解決問題。當然，謀略不是詭計，不是害人的伎倆。

很多時候老實與不老實只是形式上的區別，並不是所有不老實的人都是奸詐小人，相比老實人唯唯諾諾，別人說什麼就是什麼，有些人只是不遵紀守法，喜歡和別人作對，喜歡挑戰權威，喜歡讓人下不了臺，而這通常會影響別人對他個人修養的評判。做人要懂得能屈能伸，既不要輕易服軟，也不要太過堅持己見，不能明目張膽地和別人唱反調。

三百多年前，英國某市將政府大廳的設計工作交給了當時著名的設計師克里斯多福·雷恩（Sir Christopher Wren）。雷恩天賦很高，他很巧妙地用一根柱子支撐起了整個天花板，但是政府官員卻以安全為由讓他多加幾根柱子，雷恩認為這樣會破壞美感，結果官員勃然大怒，揚言要送雷恩坐牢。後來雷恩只能妥協，不過他想到了一個折中的好辦法，在大廳裡多豎起了四根大柱子，但柱子根本沒有接到天花板上，這樣既保全了自己的設計，同時也沒有成為官員眼中的異己分子。直到三百多年以後，人們維修大廳時才發現了這個祕密，都紛紛佩服雷恩高超的技藝和智慧。

試想一下，如果雷恩強硬地和政府作對，那麼他的做法在當時一定會被當成謀逆的行為，他也會因此受到嚴厲的處罰，而他如果老老實實屈從的話，那麼這項偉大的工程設計也許就要被徹底淹沒掉。

做人不要太老實、太過呆板懦弱、毫無自主性，但也不要太不老實，不能偷奸耍滑，到處使出陰謀詭計。極端不一定就是錯誤的，但一定是危險的，任何極端的情況都可能會導致錯誤的出現。所以很多時候，我們要懂得討巧，要懂得行中庸之道，應該盡量避免走極端路線。大路朝天，不妨取中間來走，這樣才能保持中立，人生之路才能走得平穩順暢。

▼ 6. 老實和不老實與品德無關

在人們的思維意識中，老實人就是好人，是值得結交的人，我們的父母長輩也願意讓我們去接觸這種人。而對於那些滑頭滑腦的人，人們常常認為他們不夠老實，為人太過精明太過圓滑，長輩們則會告誡我們盡量不要和這樣的人來往，因為和這樣的人相處往往不安全，那些人也品德修養低下。老實人和不老實人總是被人為地透過道德評判給區分開來，這實際上造成了一種社會性的誤解，使老實人一下子成為了人人稱讚的道德形象大使，而那些圓融之人卻成為人人避而遠之的無良之士。

可事實情況真是如此嗎？那些老實謹慎的人一定就道德高尚，而那些不老實的人就一定品德低下？其實，老實或者不老實只是性格決定的，只是他們處世的一種外在表現形式，這些與個人的道德修養根本沒有多大關聯。不老實的人不一定沒有善心，不一定總是有所圖，不一定不會樂於助人。開封府尹包拯向來以鐵面無私著稱，從來不會徇私枉法，無論是強權還是親朋，只要犯法，他一律按律法辦事。其實嚴格來說他也算是一個講原則的老實人，而且他的確受到大家的愛戴。不過大家往往會忽視另一個人，那就是唐宋八大家之一的歐陽脩，他曾經也在開封府任職，但是他的行事作風和包拯完全不同。相比於包拯的鐵面無情，歐陽脩則要圓融得多，很多無關痛癢的小事他常常能夠網開一面，不予追究，有人求他幫忙，他也會適當地伸出援手。正因為如此，很多地方官員都很尊敬他，而且他同時也受到民眾的敬仰，並沒有因此背負小人之名。

很多時候，我們依據自己的經驗和感覺來評價一個人，比如自己曾經遇到過那些不老實的壞人、小人，或者深受其害，從而產生了月暈效應（Halo effect），將類似的人全部劃分到壞人的行列，這樣做其實很草率。其實一個人品德高低的標準是看其是否違背道德倫理，是否違反法律規定，是否真心實意地待人接物。要知道不老實的人並不一定就是壞人，評價一個人，關鍵是看他的為人，看他的心，而不是外在的形式。心正人也正，只要心很善良，那麼無論其以何種方式來處事，都會是一個好人。草率而膚淺地以老實與否來評價一個人的道德如何，這未免有失公允，的確很不恰當。

張鳴來自一個偏僻的小山村，那裡交通閉塞，所以一直以來都很落後，大家的生活條件也很差。為了改善生活、改變自己的人生，1990 年代，張鳴隻身一人前往他鄉工作，累積下一筆錢後，他很快就自己創業，當上了老闆，並很快獲得成功，生活條件開始好轉起來，甚至成為了老家有名的富翁。自己富裕起來之後，張鳴就想著回饋給老家，因為老家的人還處在貧窮的生活之中，他自己也曾經出身貧困家庭，深知貧困帶來的各種痛苦，所以他真心希望自己能夠幫助他們脫貧致富。

他想到的第一件事情就是出資修建學校和公路，他覺得改變貧困的現狀，首先就要讓孩子們接受足夠的教育，這樣才能讓孩子們學習更多的知識，才能讓孩子們走出大山；而修路則可以改善交通，方便人們去縣府，同時可以打通原先的閉塞狀態，使山村裡的村民更有機會接觸外面的世界。還有就是，他想要經營孟宗竹的生意，他覺得家鄉的孟宗竹產量豐富，卻一直空閒在山上，大好的資源被浪費掉了實在可惜，如果修好路，他就可以利用自己的關係將孟宗竹賣出去，不僅自己可以盈利，也能替鄉親們增加收入。有了這樣的想法後，張鳴就自己出資落實了，沒有讓地方政府增加任何財政上的負擔。

按道理說，張鳴做的事是好事，張鳴也是好人，可是村子裡的很多人卻總是對他不冷不熱，而且私底下總是議論紛紛，認為張鳴只是奔著生意和錢來的，根本不是真心要幫助鄉親。而且他們認為張鳴以前就是一個生意人，而生意人自然是精明奸詐、品行很不老實的人，這樣的人只會打別人口袋的主意，即便做了什麼好事，也只是別有用心。

面對村民的議論，張鳴非常苦惱，自己明明做好事，可是卻被他們誤解。大家總是把聰明的商人和道德品格掛鉤，這簡直讓他無所適從。不過張鳴覺得這些鄰里鄰居沒有讀過多少書，而且對自己這樣的「都市人」往往也很防備，這是可以理解的，他相信只要自己不懈地努力下去，幫村民真正做好事謀福利，那麼村民以後一定會了解他的為人。所以在眾多的非議聲中，張鳴依然低頭謀劃著老家的致富計畫，完全沒有分心。

等到學校開學之後，張鳴還親自出資幫忙訂製桌椅和書本，根本沒有要老鄉出一分錢，這讓大家覺得很意外。而等到公路修好之後，大家也覺得現在進縣府的確方便多了。更重要的是，一些蔬菜、水果和土產可以拿出去賣，而張鳴每家每戶收購孟宗竹的生意更是讓他們有了不少額外的收入。日子漸漸好起來之後，村民見張鳴為人低調，而且沒有任何對不住村民的地方，都開始接納他，相信他是一個好心的商人。

有些人為了幫助他人而撒謊，這算是善意的謊言，但你不能因為做人不能撒謊這個理由就認定對方是個品德不高的人。有些人故意放過犯錯者，想要給他們一個改過立新的機會，你也不能因為他違反原則無視規定而覺得他是一個壞人。有些人在商場上絞盡腦汁與人爭利，卻用那些賺來的錢救濟窮苦病殘之人，你難道也要質疑這些人的人品嗎？事實上，這個世界並不像我們想像中的那樣，那些看上去不老實的人也並不像我們慣性思維中理解的那樣。當我們草率地將他們推入道德的困境之中時，其實也將我們自己推到了困境裡，因為我們今後的一切行為可能都會和道德沾上邊，會背上沉重的道德負擔。既然如此，為什麼我們不能夠拋下有色眼鏡，去認真對待那些人呢？

那些看似不老實的人只是更有智慧地活著，他們比老實人更加懂得如何保護自己，更懂得如何去獲得美好生活。英國大詩人珀西·比希·雪萊（Percy Bysshe Shelley）有一句話說得很好：「一個人如果不是真正有道德，就不可能真正有智慧。」而一個圓融的人往往能夠更加理解道德的重要性，因為這常常會是一個人生存和發展的重要保障。

不僅如此，其實那些不老實的人往往胸襟更加開闊，不會因為一些雞毛蒜皮的小事而斤斤計較，處世能屈能伸，不會輕易開罪於人。僅僅就道德方面而言，他們中的很多人或許更稱得上是有修養的人，因為他們具備了更多行善的條件和需求。

所以做人不能只看表面，更不能被固有的思維左右而影響自己的判斷。當我們評價一個人是否有道德時，一定要抓住他的本質，不要草率地以老實或不老實來判定他人的好壞。而且我們自己也要放下成見，不能因為這些成見和誤解讓自己變得畏手畏腳、古板呆滯。只要以正確的方式做事，以善良的心做人，那麼無論老實或不老實，一個人的道德都是沒有問題的。

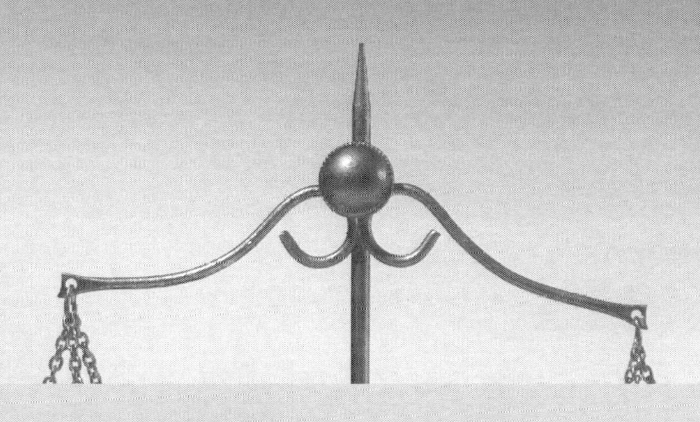

第二章

別單純得像張白紙，也別心機過重害人害己

▼1. 世上真的好人多？小心騙你沒得商量

古人說，人之初，性本善。是說每個人生下來都是和善的好人，只不過其中的某一部分人被世俗中不好的東西所汙染，才漸漸走上歧途邪路。且不論這種論斷是否正確，因為至今也沒有任何理論可以證明人性是好是壞，而很多時候我們會產生一種定勢思維，覺得人心本善，以此類推，世界上還是好人居多。所以當我們身處險境時，總覺得別人會理所當然地來幫助我們；當我們遇到挫折時，覺得別人會義無反顧地來安慰我們。可事實上並不都是如此，當你對這個世界滿懷希望時，現實可能會給你致命的一擊。

這個世界有好人，但並不意味著所有的人都是好人，而且好人也不見得就一定比壞人多。你每天所遇到的、接觸到的熟人或者陌生人是否真像你想像的那樣呢？或許，這個世界有很大一部分人都活在各式各樣的偽裝之中，是「好」是「壞」的關鍵取決於你認識人是不是只知道看表面。

也許你很單純，不願意將這個現實世界描黑，但是將單純發揮到極致，就像電影《天下無賊》中的傻根一樣，在火車站外大喊「你們誰是賊呀？」那就是一種老實到囂張的狀態了，只能說傻根很傻很天真。如果你不知道社會這潭水的深淺，，沒有體驗過就不要輕易覺得沒什麼，儘管它表面上看起來平靜祥和，但下面很可能是激流暗湧。看人看事莫不如此，凡事不用太過感性，但也不能太過草率和隨意，處處謹慎一些總是不會錯的。

小藝是個善良單純的女孩，對任何人都很好，為人很熱情，喜歡幫助別人，所以很有人緣，大家都願意和她交朋友。小藝自己也很開心，每次幫助別人，她的心裡都很滿足。不過她的母親卻常常勸她收斂一些，凡事都應該謹慎一點，對待別人不要總是那樣掏心掏肺的，尤其是那些陌生人，萬一碰到壞人怎麼辦，何況她自己還是個女孩。

母親的話不是沒有道理，畢竟像母親這樣年紀的人很有生活經驗，閱歷也很深，對於社會上的各種事情都比做女兒的要清楚。不過小藝卻覺得母親的擔心有些多餘，母親那些嘮嘮叨叨的話讓她有時候很反感，甚至認為母親有些小心眼。她覺得根本沒有必要把別人想得太壞，因為自己交往過那麼多的朋友也沒有誰騙過她，所以她總是把母親的話當成耳邊風。

有一次，小藝進城去買東西，結果在一個路口拐彎處發現自己迷了路，正在焦急地左顧右盼的時候，一位大嬸走了過來親切地問她發生了什麼事，小藝如實相告，而且還說出了自己想去的地方。大嬸於是很熱情地幫她指明道路，小藝的心裡是萬分感激，心想自己總是能夠遇上好心人的幫忙。這時大嬸突然告訴她說:「其實我們是同路的，我也要去那辦點事，不瞞妳說我兒子剛剛摔傷了，雖然不是很嚴重，但現在正在醫院呢。我剛剛回去拿錢，發現鑰匙被鎖在家裡了，我正著急著呢！妳說這節骨眼上我該上哪借錢去呀？」說著她還面色沉重地嘆了口氣。大嬸接著又說：「妳現在身上有錢嗎？可不可以先借給我，一點也行。妳一會兒跟我回家去取，或者妳留下一個電話號碼，等我撬開房門之後還給妳。」

小藝一下子就起了善心，她想也沒想，就把自己口袋裡的八百元錢交到大嬸手上，然後安慰她說：「別著急，這些錢妳先拿去用吧！」大嬸感激地說：「我怎麼好意思要呢，要不這樣吧！妳留下一個電話號碼，我也留下一個，到時我一定把錢還給妳。」小藝於是記下了大嬸的電話號碼，而且也給對方留了自己的號碼。大嬸拿到錢後，就急匆匆地離開了。

回家之後，母親發現小藝空手而回，於是問她為什麼不買東西，小藝就將今天的事情告訴了母親。母親聽說後是又氣又惱，大呼小藝上當受騙了，她責備女兒怎麼這麼容易聽信別人的話，而且還是素不相識的陌生人。小藝則百般辯解，認為自己不會看錯人，她還拿出了那個電話號碼作保證。母親於是讓她撥那個號碼，小藝半信半疑地試了一下，結果發現那是個空號，這下她才明白自己真的上當受騙了。

你是否覺得看著挺老實的人就一定是好人，看著不老實的人就一定是壞人；外表儒雅的人就肯定是君子，戴眼鏡的就一定是知識分子？你是否人云亦云，喜歡不假思索地聽從別人的意見和想法，別人認為好的，你就覺得好，別人覺得不好的，你也堅決認為不好？你是否總將自己的切身感受當成標準，來判斷或衡量別人是好還是壞，別人對你好，你就覺得對方是好人，別人對你不好，你就認定對方人品低下呢？如果是，那麼你判斷人的標準就實在是很膚淺了。

最膚淺的，應屬「以貌取人」了。事實上，外貌往往容易誤導人，因為僅憑一張臉、一件衣服或一個神態就來判斷一個人的道德好壞實在很兒戲。它們只具備一定的參考價值，但並不能起決定作用，因為這不是衡量道德標準的關鍵因素。而且試問天下有誰會故意將自己打扮成壞人的模樣，有誰會明目張膽地告訴你他就是壞人？其實無論是誰，都有刻意保持自我良好形象的心理傾向。所以以第一印象認識人的你很有可能會誤解人或遭別人誤解。

一個人要懂得自己去感受、去分析和去挖掘真相，不要只停留在事物的表象上；同時，在自己未能切身感受和分析了解實情的情況下，也不要盲從，不要輕易去聽信別人的話，要知道的是，上當受騙的絕大多數人都是缺乏主見的盲從之人。一人說好，兩人說好，三人說好，你於是也跟著說好，你不上當誰上當呢？當然了，太過相信自己的直覺判斷也是不行的，因為欺騙自己的往往是自己的眼睛，是自己的主觀感受。事實上你一個人代替不了別人和大眾，你的主觀感受往往摻雜個人的情感因素。別人對你好，你就認為他好，可是也許他在對你好的同時欺騙和傷害了更多的人，而你不過就是下一個。所以評價一個人一定要客觀，你所謂的標準也可能實在太草率狹隘，你要懂得參照別人的看法，當別人都認為對方是壞人時，你就要多留一個心眼了。

至於防範那些主動示好、無事獻殷勤的人，哪怕對方幫助了你，也不要因為一時受惠於人就堅定不移地認為對方是一個好人。在評判他人之前，一定要了解對方的動機，看他是真心對你好，還是別有所圖。天下熙熙，皆為利來；天下攘攘，皆為利往。生活所迫，多數人行事都是在追求利益，所以我們就不應該將所有的人都當做聖人和善人，更不要草率地將一些看起來老實的人當成好心人，因為你看到的是人家的笑臉，而人家看到的可能就是你口袋裡的錢和能從你身上得到的利益。

另外，生活中的陷阱從外表看上去往往都很美好，但其實都是為了引誘你上當，一旦一腳踏進去就很可能陷入麻煩甚至危險的境地。所以，每個人都要堅決抵制誘惑，不要輕易被表象迷惑住。

做人要理性一些，要懂得看到事情背後更深層次的東西，雖然我們不能總是把這個世界想得如此不堪，但也不能把它看得太過理想和完美，危險其實無處不在。你死心塌地地輕易相信別人，那麼只能說世界上上當受騙的人那麼多，你就是其中的一個。

2. 為什麼有時好人不一定有好報

人常說，做事情要講究方式和方法，同樣地，做好事也要注意方式和方法。不過有的人心裡就是轉不過這個彎：我是在做好事，犧牲自己的時間、精力，付出難道也有錯？是的，千萬不要以為付出就有回報，做好事就能得到別人的答謝。如果不注意做事的方式和方法，好事可能也會變成壞事。比如我們可能都遇到過這樣的情況：好心好意幫助別人，結果別人不但不領情，反而還有責怪的意思。這個時候我們心裡就會覺得很委屈，覺得這比自己做了壞事而受到別人的譴責更令自己難過。確實，自己抱著一顆真摯的心去幫助別人，不但得不到別人的感謝，反而還招來埋怨，誰不生氣？

但是，換一個角度想，如果拋開自己委屈的主觀情感來看，這件事算得上是自己的一次失敗。既然失敗了，除了從別人身上找原因，也要反思自己的失誤之處。

試想，假如有一次你的褲子拉鍊沒拉好就出門了，身邊的朋友發現之後非常為你著急，就急切地對你說：「哎呀，你拉鍊沒拉好，趕快拉上！」也許她（他）沒有注意到身邊喧鬧的人群，致使你在這種尷尬時刻成為眾人的焦點和笑柄。這時，你一定對這位朋友多少會有點埋怨之意吧。但是，如果她（他）悄悄地把你拉到一邊，低聲地提醒你，你肯定就會很感謝她（他）幫了你，又替你保住面子。

很多時候，人的理智和情感是相互矛盾的。好比說有的女人其實知道某個男人不是良配，努力多次卻還是捨不得離開他，而即使她知道其他男人是很好的人，如果嫁給他日子一定會過得溫馨而幸福，但還是發了張「好人卡」給他作為拒絕。為什麼會這樣？這就是因為人的理智和情感產生了矛盾。很多人做了好事之後，得到的結果之所以千差萬別，主要也是因為這個原因。即使知道你是好意，但是如果你所做的帶給對方的是尷尬和難過，從理智上來說，對方明知道要感激你，而他在情感上卻會忍不住埋怨你。

因此，不要仗著「我是好心」就做事橫衝直撞、不顧後果，想做個受歡迎的好人也不是那麼容易的。

程文秀是個精力充沛的女子，常常仗義執言，頗有古代的俠女之風，但是她的打抱不平卻沒有為她帶來好人緣。有一次，她看見自己上司麗姐的丈夫和一個年輕貌美的女孩子在公開場合很親密，最後還相偕去酒店。她一路跟蹤，確定房號之後，她急忙把麗姐叫來，上演了個「捉姦在床」。後來事情鬧大了，麗姐和老公離了婚，而文秀也被麗姐尋個理由調到了鬆散的部門。文秀當然滿懷不解和委屈，明明是她讓麗姐免於被欺騙，為什麼她會這樣對待自己？

她哪裡知道，因為她這樣把事情鬧開，讓本來心懷愧疚的麗姐老公惱羞成怒，堅持離婚，麗姐那個在準備升學考試的兒子，因為這件事受了刺激，考試失誤。其實老公有外遇，精明的麗姐是有察覺的，只不過她在忍耐，等孩子考完了，她收集了有利於自己的證據之後再提出來。但是現在，她的兒子需要重考；而在財產方面，因為老公起了防範之心，轉移了不少財產，讓麗姐在財產分割方面遇到了很大麻煩。

像程文秀這樣「好心辦壞事」的事情，其實每天都在發生。做好人是值得鼓勵的，我們的社會需要更多的好人，但是好人更要注意保護自己，保護自己做好事的積極性，不要讓自己的善良被現實「殺死」。

想做受歡迎的好人，首先要搞清楚被幫助的人的意願。你幫助那些想要獲得幫助的人，別人才會欣賞你做的好事。曾經有個笑話說道，孩子們很開心地來到養老院，提出要幫助老人洗澡，結果一位老人含淚說道：「不要再幫我們洗澡了，今天已經洗了三遍，再洗皮都破了。」笑話當然是比較誇張，是在諷刺大家做好事只流於形式。但是，這個笑話更告訴了我們一點：做好事要幫到需要幫助的人。如果對方其實並不需要你的幫助，而你卻憑著自己的一廂情願熱忱相助，最後好事沒做成，可能還幫了倒忙，這時人家心裡該怎麼想？

另外，像人家的私事、家務事，好歹人家自己知道，除非人家開口想要你的幫助，否則你就不要輕易多嘴。俗話說「清官難斷家務事」，外人攙和別人的私事、家務事很容易裡外不討好。就好像在大街上，有人看見一男人對他的女伴很粗暴，如果衝上去罵那男人一頓，那女的說不定還不樂意呢。人家兩口子打架，你去幫助一方，當時人家可能對你很感激，等過後人家夫妻兩個和好了，說不定還嫌棄你欺負人家老公（老婆）呢。

總之，做好事時最好「老實」一點，低調一些。華人愛面子是大家公認的事情，想要把好事做得讓人內心感激，就最好悄悄辦好，留著面子給別人，而不是把別人的弱點、醜事嚷嚷得人盡皆知。此外，做完好事也要低調。因為做好事不留名確實有很多人做不到，但是如果到處宣揚自己幫了誰誰誰，就未免有種想要得到回報的意思。你如果這樣做，就會讓被幫助的人覺得你的幫助是有目的的，如果是知恩圖報的人，本來十分的感謝，猜想也就剩六七分了；而那些人品不怎麼樣的，可能一咬牙、一閉眼，說個謝字，以後會當什麼都沒發生過。

現在大家應該了解到，想做個受歡迎的好人，做好事的時候就絕對要講究方式。我們回想一下自己明明做了好事，為什麼別人只是敷衍地感謝一下？很多時候這都與自己做好事的方式很有關係。所以，做好人，最好做個聰明的好人。

▼ 3. 不要老實過頭，凡事留一點心機

朱元璋為人多疑，不過正因為如此，他才能夠登上皇位並維持統治。他曾經說過：「我不害怕那些敵人，因為立場決定了我會處處防著他們。我最擔心身邊的人和潛在的對手，因為他們是不可見的，而卻總是能夠對我構成威脅，我不得不防。」正因為如此，他在登基稱帝後，毫不留情地殺掉了那些功臣武將，同時設立錦衣衛來監視別人、剷除異己。

做人無須像朱元璋這般腹黑殘忍，但是一個人想要更好地生存下去，凡事就應該多留意，都要有一點心機。

確實如此，信任是這個社會得以執行發展下去的重要保障，要是人人都相互防備猜忌，社會關係也就難以存在。我們要拿出真誠去對待別人，要真心實誠意地結交朋友，相互之間應該保持尊重和信任。不過信任不是絕對的，也不可能會是絕對的；一方面每個人都會有自己的隱私，都會有自己不願意公布的私生活，所以絕對的坦誠是不存在的。另一方面，信任一個人不意味著無條件地相信，也不意味著自己要放棄自我保護的意識。

方民輝是一個喜歡結交朋友的人，也喜歡和朋友相處。他生平最喜歡的事情就是和朋友一起喝酒聊天，他覺得只有在這個時候大家才能夠敞開

胸懷暢所欲言，彼此分享自己的心事和祕密、快樂和悲傷，這是很難得的，他常常稱之為交友的最高境界。

因為足夠真誠坦白，方民輝的朋友很多，其中的一些還是知心朋友，彼此在一起的時候也是毫無顧忌，這自然讓他們的感情增強了不少。話雖如此，不過方民輝為人太看重朋友，幾乎什麼話都敢和朋友說，什麼心事和祕密都勇於透露，所以他的一些祕密往往被大家所知，有一些甚至被朋友傳到了外人的耳朵裡去。他的一些親戚或多或少都聽到了一些閒言碎語，於是都紛紛勸告方民輝要懂得克制自己，要懂得收斂一些，謹防交友不慎而帶給自己不良影響。方民輝表面上答應著，卻總是不會吸取教訓，心裡對朋友反而是一百個放心。他覺得如果自己對身邊的人都處處設防，那麼交朋友就沒有什麼意思了，朋友之間原本就應該無話不談的，遮遮掩掩的實在傷感情。

有一次，他代表公司去外地談判，對方是一家大客戶，雙方都很重視這次的合作，不過因為相互之間的一些合作細節還沒有談好，所以只能邊談判邊解決細節問題。方民輝一直都受到公司的器重，這次更是作為談判中的一員，他覺得很榮幸，就想好好表現一番，說不定這次談判成功之後會得到升遷的機會。

因為談判要好幾天時間，方民輝根本閒不住，就打算出去喝酒散散心。其實公司有規定，在談判未成功之前，最好待在賓館裡休息。不過方民輝還是偷偷地跑了出去，而且還叫上了自己的一些朋友去酒吧。幾個人在酒吧裡玩得非常盡興，酒過三巡之後，有人開始談論起工作來，自然而然大家都將焦點對準了這次的談判。方民輝很感激朋友對自己的關心，所以將自己的工作很仔細地交代了一遍。說到興起的時候，方民輝將大家圍攏起來，偷偷地告訴了他們自己公司的機密，輕聲將這次談判的底線透露了出來。當然他多少還是有些緊張，畢竟這是公司最大的機密，是不能洩露出去的，而他說出來完全是出於對朋友的信任。

可是，萬萬沒想到朋友之中的某一個人竟然是這次與方民輝他們公司談判的員工，結果可想而知，洩漏底線的公司在談判中非常被動，一直被對方壓著打，最後只能勉強接受那些條件。這次談判讓方民輝所在的公司很吃虧，公司的老闆覺得事有蹊蹺，懷疑有人洩露了一些秘密，於是決定徹查這件事，外出喝酒的方民輝嫌疑自然最大，最終老闆只能開除他。

做人太實在，絲毫不留餘地地去相信別人，有時候是非常不可取的。俗話說百人百姓，每個人都不一樣，性格、心理成熟度、家庭背景、生活經歷、生活習慣等等都不同，況且人心隔肚皮，你不可能徹徹底底地去了解一個人，自然很難說清楚對方到底是一個怎樣的人。所以我們不要輕易就撤銷自己的防備之心，要知道哪怕是在理想世界，人也很難做到不對任何人設防。別疏忽了，不要總是以為好人是不需要設防的。有句老話說得好：「鎖是用來防君子的，而不是用來防小人的。」因為小人根本防不了，而對於君子，它就能夠產生足夠的效用。這並不是說好人也會幹壞事，而是說必要的防範是不可缺少的。

美國小說家馬克·吐溫（Mark Twain）某一天在公園裡散步，結果看見一對母子在草地上修理一個壞掉的風箏，馬克·吐溫看他們無論如何也修不好風箏，於是主動上前幫忙。風箏很快被修好，孩子的母親萬分感激，於是對孩子說：「為什麼不謝謝這位先生呢？他真是一個好心人。」可是馬克·吐溫突然笑著搖搖頭，對孩子的母親說：「夫人，對於一個我這樣的陌生人來說，也許你應該告訴孩子：『這傢伙可能是個好人。』」

做人要懂得彈性處世，要能夠收放自如，不要一下子把弓拉滿了，也不能一下子把話全部都說了。「逢人只說三分話，未可全拋一片心」，凡事都要有所保留，對於那些不是很了解的人，不要痛痛快快就將自己的一切和盤托出，不要將自己的私密和底線全都暴露出來，更不能輕易透露自己的底牌，尤其是在競爭激烈的場合環境中，你說的越多，缺點就越被放大。《道德經》中說：「魚不可以脫於淵，國之利器不可以示於人。」魚兒跳出深淵就徹底失去生存保障，國家的核心武器輕易洩露出去，就失去了最大的安全防護。做人也當如此，面對他人，什麼話該說，什麼話不該說，什麼事情應該做，什麼事情不能做，都要有所判斷，時刻都要有防備和警惕心，要懂得為自己留一條退路，不能輕易暴露自己的全部。在競爭博弈的社會中，暴露自己的消息，就會失去博弈的優勢。

生活就應當謹慎一些，不要總是只看到蜜蜂輕柔地從你眼前飛過，小心它可能會趁你不備螫傷你。而做人老實過頭，沒有心機就難免會被他人暗箭所傷。所以，做人偶爾也要圓滑一些，不要總是被別人牽著走，不要別人說什麼自己就做什麼，要堅決地分清你我，既然是不同的兩類人，就應該遵循不同的行事風格，就應該保持自己私有的那一部分東西，就應該適當地在雙方之間拉開一點距離，這樣於人於己都有好處。

▼ 4. 努力就能成功嗎？真的不一定

成功到底需要什麼？毅力？努力？天賦？運氣？進取心？或者說每一個因素都有？答案總是眾說紛紜，不過在每個人的潛意識中一定不會遺忘這一點：勤奮努力。俗話說：勤能補拙。學生時代，我們所接觸的就是「書山有路勤為徑，學海無涯苦作舟」的訓誡；工作以後，我們又堅信只要努力上班，踏踏實實工作，就一定能夠做出好成績，就一定能夠被老闆賞識和重用，於是我們只知埋頭苦幹，凡事兢兢業業。可是慢慢地我們卻會產生各種疑惑：為什麼我一直兢兢業業、踏踏實實、加班超時、勤勤懇懇地工作，卻始終得不到重用，總是在原地踏步，而那些成天聊天喝酒、不務正業的人卻總能夠發達？有些人成天陪人出入娛樂場所，四處巴結送禮卻能夠平步青雲？

其實，這不單單是某一個人的疑惑和不滿，而是一個社會性的矛盾，這也迫使我們必須冷靜地坐下來思考和審視我們曾經接受的那些說教，必須重新認識那些教導我們的「真理」。努力就一定能成功嗎？或許可以，但僅僅只是或許，在當今這個人際關係至上、智商情商至上的年代，個人努力的效用在一定程度上被淡化了。這不是那種十年寒窗苦讀就可以平步青雲的社會，不是踏踏實實、埋頭苦幹就能有所收穫的年代。不是說世道淪喪，而是這個世界變得太快，曾經的那些偉大格言，很可能會成為誤導我們的罪魁禍首。

在學校唸書的時候，李原就是班上學習最刻苦努力的人，每天都用功讀書，自然而然順利地考上了理想中的大學。整個大學期間，他絲毫不敢懈怠，別的同學都在忙著玩遊戲，忙著交際應酬，忙著談戀愛，他卻天天在教室和圖書館裡看書。因為他始終相信父親的那句話：一切都是透過自己勤勞的雙手獲得的。他覺得一個人只要足夠努力，那麼一定可以得到自己想得到的東西，一定可以做到自己想做到的事。

畢業後，李原進入一家國營事業上班，這時候一些同學開始向他傳授一些職場生存經驗，大家都勸他做人做事要靈活一些，要圓滑世故一些，要懂得社交方面的一些潛規則，畢竟這是「混社會」，而不再是單純的校園環境，所以千萬不要一直堅持那套死腦筋的東西。不過李原向來討厭那些虛偽、那些阿諛奉承、那些巴結拉攏，對於那些靠關係走後門的請客、吃飯、送禮，他往往看不順眼，他總以為一個人如果不依靠自身的努力，怎麼能提高自己的能力，又怎麼能夠獲得重用呢？

李原堅定地認為自己只要拿出在學校學習的那種衝勁，只要一直努力工作，相信自己一定會在工作中做出一番好成績，自然也能夠得到主管們的認可和重用。李原的想法很美好，但是事與願違，他發現自己在學校裡的那一套在辦公室裡根本行不通。他每天都那樣努力工作，每天都加班超時、認認真真地完成主管交代的任務和工作。可是一連好幾年，每次主管們表揚的都是別人，每次獎金發最多的也是別人，職位升遷的還是別人。

相比於其他人，李原自認為自己付出了比他們更多的努力，態度也更加認真，可是自己在這裡一連待了好幾年也沒有任何變化。以前的那些同事一個個都得到了升遷，很多人甚至還進入了中高層，而自己卻還是原地踏步。這讓他感到非常苦惱，尤其是那些平時工作不認真，卻喜歡巴結上司，處處耍心機的人，反而被提拔重用，這讓他覺得很難理解。難道真的就像同學說的那樣，這就是職場裡的潛規則嗎？李原根本想不明白，也難以接受這樣的事實。思前想後，李原覺得自己根本不適合這樣的環境，於是黯然辭職。

很多時候，我們自身的缺陷並不是透過簡單的努力就能彌補的，天賦不足或許可以補救，但是人際關係的缺失、情商的低下、社會適應能力的不足，這些都不是努努力就能掩蓋過去的，而且這些東西正在成為成功的重要因素。你老老實實，為人肯吃苦，又能幹，又聽話，的確很受人歡迎，但受別人歡迎並不意味著能受到別人的重用。你的長輩師長至多會說：「真是個懂事的孩子。」你的老闆最多會說：「不錯，好好幹，繼續加油！」可你最終什麼也沒得到。你可以相信事在人為，你是一個固執的人，可是很多時候，一味地埋頭苦幹更像是低階的傻辦法。

雖然不可否認努力的確是成功不可或缺的要素，甚至可以說多數人不可能一點不努力就能取得成功，但是僅僅憑藉努力來獲得成功也確實不現實。那些有錢有權的人物，並不是僅僅靠努力就成功的，他們中的很多人都具備超強的心理素養，都具備廣泛的人際網路，擁有異於常人的情商。可以說他們的成功是因為他們的性格，而性格決定命運。你懂得靈活變通，懂得利用資源，你就更容易成功。若你只會一個人老老實實地做，即便拚命工作，十分努力，就算有機會成功，成功的機會也都要相對小很多。

想要成為成功人士，想要建立和別人一樣出色的功績，想要得到更多更好的東西，就應該放下原先的那些老思想，就要懂得雙管齊下，甚至是多管齊下，在勤奮努力的同時，也要注重其他成功的因素。

首先，要廣積人脈，朋友多了自然路就好走。一個人的朋友越多，他手上所能掌握的資源就越多，成功的條件就越豐厚，機會當然也就越大。所以一個人要經常出來走動，要盡量搞好同事之間的關係，要廣泛地參加各種社交活動，主動結識更多的人，這樣不僅能增長自己的見聞，也能夠收穫更多的友情和人脈。

其次，要懂得靈活變通，不要堅持那些老掉牙的原則規定，一定要活學活用，要懂得轉彎。努力勤奮並不是讓我們死幹蠻幹，努力只是一種工作、生活的態度，而在形式上，我們應該盡量靈活多變，以此提高我們的辦事效率。

第三，要勇於嘗試新方法，要懂得多種門路一起走。不能總是單調地使用一種方法去打拚奮鬥，只要有其他辦法，我們就應該放下成見，大膽地去嘗試去體驗。不要一條道走到尾，更不能在一棵樹上吊死，既然條條道路通羅馬，那麼就不要只限定在一條路上，這樣才能夠更容易到達目的地。

5. 憤世嫉俗的腦袋已經過時了

很多時候，我們都會聽到這樣或那樣的抱怨，抱怨自己懷才不遇，不被重用；抱怨社會不公、世道淪喪；抱怨好人的日子越過越糟糕，壞人的日子卻越過越發達。有人抱怨工作不順心，到處碰壁，有人質疑愛情不可靠，到處摻雜名利；有人仇富，有人仇官，有人罵貪，有人罵亂，有人罵人性的自私自利，似乎整個社會沒有一樣東西是他們看得順眼的。

今天你是否也抱怨了呢？你在抱怨之後又能怎麼辦呢？事情沒有出現任何轉機，生活也沒有變得更好，只不過是徒增傷感和煩惱。世界原本就已經如此，這不是你一個人能改變的，而既然沒有辦法去改變什麼，為什麼又要去為之傷神勞心呢？其實大多數喜歡抱怨、喜歡憤世嫉俗的人，都是生活落魄、人生鬱鬱不得志的人。生活狀況一團糟，而且長期沒有什麼起色，可是他們又無力改變現狀，無力改善自己的生活，雖然造成這種現狀的原因有來自於社會的，但絕大部分原因也來自於他們自己，而他們並沒有意識到這一點。結果，久而久之，他們就將自己的失落無奈轉化成對社會的抨擊，氣憤地將所有的怨氣發洩到社會環境上。這樣長此以往，他們的問題不僅沒有辦法得到解決，反而還會加速毀滅他們自己的生活。

事實上，我們之中的每一個人首先都是社會人士，每個人身上都擁有特定的社會屬性，所以我們想要在社會上生存下去，就要遵循社會發展的規律，就要認清和適應社會上的潛規則，不能老實地固守著曾經的那些道理和原則，只有正視這些社會存在，才能更好地生存下去。1934年，美國基督教神學家雷茵霍爾德·尼布爾（Reinhold Niebuhr）寫下了一段經典的禱文：願上帝賜予我平靜，能夠接納我無法改變的事；願上帝賜予我勇氣，改變我可以改變的事，並賜予我智慧，讓我能夠分辨這兩者的不同。這個世界上的確有很多陰暗面，有很多東西是我們看不慣的，但相對整個社會而言，個體的能力是弱小的，我們很難做出什麼有效的改變，而既然改變不了什麼，就不妨努力去適應它，融入這個社會。

何俊是一個很有才氣的寫手，沒什麼穩定工作，平時的工作就是評論時事和社會，是一個真正憤世嫉俗的人。每當他和朋友在一起時，不說別的東西，光講某某人憑著關係進入了政府部門，說某某官員貪汙打人，說那些有錢人如何仗勢欺人，如何炫耀財富，每次他都是越說越氣憤，最後難免憤憤不平。大家都知道何俊是個有能力的人，也很有想法和志向，只不過一直沒有什麼表現的機會而已，可以稱得上是懷才不遇。但是他的為人真的很古怪，很多時候他與人都難以相處。比如朋友們原本出來想聚在一起聊聊天談談心，開開心心地在一起相處一段時間，可是何俊總是把氣氛和大家的情緒弄得很僵。

久而久之，大家都不願意和他在一起談論時政，更不願意談論理想之類的事。一些朋友在私底下還稱呼他為「何不平」。他知道這個綽號後，還嘲笑朋友們沒有想法，只知道渾渾噩噩、同流合汙，一些靠關係上位找工作的朋友，還常常被他半開玩笑似地奚落一番。別人一說他為人處事太極端之類的，他就借用韓愈「不平則鳴」的說法來為自己的言行正名，覺得只要心中有怨氣，只要世上有不公平的事情，就要勇敢地抒發表達出來。

面對何俊的辯駁，大家不好意思說什麼，不過作為朋友，他們在心裡還是為何俊著急，畢竟他們也知道何俊並不是一個壞人，只不過看不慣的事情就喜歡嘮叨而已，再加上生活事業不順，難免會有諸多抱怨。他們其實也常常勸何俊放開一點，不要總想著那些不開心的事，不要總是用憤世嫉俗的眼光看待世界，畢竟這樣什麼也改變不了，而且只會讓自己更加痛苦難受。其實他們更擔心的是何俊太喜歡說一些極端激進的話，這樣很可能對他自己的生活不利。何俊都快三十歲了，也沒有正經地找份工作，不是抱怨這就是嫌棄那的，沒有一樣東西能看順眼。不僅如此，一些交往過的女孩也認為他有神經病，認為他動不動就搬出大道理數落別人，也不看看自己是什麼樣子。

大家都在替何俊擔心，而何俊卻依然不懂得改變自己，該說的還是說，該抱怨的還是抱怨，從來沒想過融入這個社會，從來沒想過讓自己試著去接觸那些看不順眼的東西。所以他變得越來越孤僻，越來越急躁，越來越喜歡批評，但是自己的生活卻一直沒有什麼改善。

做人不能只講老實，要懂得放下身段，要能屈能伸，不要總是擺出一副清高的姿態，排斥一切違背原則的東西。雖然不能與人同流合汙，但可以適度地與人同俗。你要試著去了解這個社會執行發展的機制，要了解社會中各種形形色色的潛規則，你需要勇敢地去嘗試著接納它們，並努力融合進去。而這前提就是你要改變觀念，不要總是把交友說成巴結奉承，不要總是將圓融之人當成宵小之徒，不要總是對社會現實指指點點。你在批判那些不夠正直的東西時，你的親人、朋友，你身邊的那些人很可能會自動地對號入座，這樣他們很可能會選擇孤立你。如果你願意融入別人的生活圈，願意接受他們的生活方式，那麼雙方的關係就很可能更進一步，你的生活空間也會更加明亮寬敞。

為人處世，凡事寬容一些淡然一些，不要被那些外在的東西所左右，每個人都在為自己而活，而不是為了別人，不是為了外在的是是非非。另外，一個人不要總是把社會現實想像得那麼不堪，其實生活中也有很多美好的東西，你為什麼非得要執著在那些陰暗的方面？換個角度去看待世界，換種心情去看世界，你會體驗到很多很美好的東西。只有改變了自己的心情，只有改變了自己的看法，你才能夠真正地從絕望的生活裡解脫，也才能夠放下心理負擔和陰影，輕裝上陣，去開創屬於自己的美好生活。

這個世界可以是圓的，可以是扁的，也可以是方的，關鍵取決於你如何去看。你自己的那一套標準不一定適合別人，所以也不要總是用那一套標準來強加到別人身上。了解這個世界，你需要放下自己的成見。有人說生活是一面鏡子，你對它笑，它就對你笑；你對它哭，它也會對你哭。當我們冷眼看待這個世界時，世界也正橫眉冷對千夫指地看著我們。如果我們試著開啟心門去接納它，那麼世界也會主動接納我們的存在。很多時候，一個不那麼死板老實的人，能很快調整好自己的心態，而好的心態很重要，心態好的人才不會受到那些陰暗東西的影響，無論世界怎麼變，無論世界如何，才能始終讓一顆心保持超然、淡定。

▼ 6. 世上沒有絕對的好人和絕對的壞人

通常我們都會說：「他很好，是絕對的好人。」或者說：「這個人常常做壞事，很不老實，是個徹底的混蛋。」我們對於別人的看法常常會帶有強烈的情感色彩，對我們好的人，我們給予絕對的尊重和信任，而那些傷害過我們或對我們看不慣的人則被我們貶低得一無是處，被我們完全一棒子打死。我們這樣做只能說我們太實在，太刻板。因為這個世界並沒有那麼多的絕對，沒有絕對的好也沒有絕對的壞，更沒有絕對的對與錯、是與非。好與壞很多時候取決於我們以何種角度、何種心態去看。

世界上的每一個人都會有陽光美好的一面，同時也會存在陰暗自私的一面，沒有什麼東西是絕對完美的，也沒有什麼東西是絕對一文不值的。人也是如此，看上去忠厚善良的人，或許他也有許多不為人知的缺陷，也做過許多見不得光的醜事，內心也存在一些有失風度有違道德良心的想法。如果你願意深入去了解對方的為人，某一天等你掌握更多實情後也許會很失望。而那些壞事做盡、惡貫滿盈的人，也不見得就沒有一點善心，不見得沒有做過好事。你只看到了他們人前的作為，卻沒有想過他們為什麼這麼做，沒有認真挖掘過他們的內心，沒有真正去體驗他們內心的矛盾，自然也就無法看到一個最真實最完整的「壞人」。心理學家認為，人性是極其複雜的，人基本都具備兩面性，有些人甚至擁有多重人格，所以這就很難去定義和評價他們是好是壞，更不用說是絕對的好或者絕對的壞。

美國有一部很好看的電影叫《下流正義》（The Lincoln Lawyer），片中的主角是一個專門替犯罪集團和黑幫集團辯護的律師，他的行為被多數人所不齒，但這就是他的工作，他必須對自己的職業和辯護人負責。有一次，他為一個犯下殺人罪的富二代辯護，剛開始一切順利，可是隨著案情的發展，他吃驚地發現自己所辯護的人竟然和多年前自己的朋友被殺的案情有關，這下他再也沒辦法冷靜下來了。受到良心譴責的他決心藉助法律來除掉這個富二代，可是又不能明目張膽地輸掉官司，所以他設計了一個大陰謀來陷害自己所辯護的當事人，卻沒想到當事人竟然想辦法打贏了這場官司。為了伸張正義，為了替家人解圍，最後他利用自己和黑道的關係，讓人暗殺了當事人。

其實，整部影片中，這位律師的行為都是脫離和違背自己的生活準則的，他的所作所為甚至可以說很可恥，他根本算不上是一個好人，但是他又實實在在地除掉了一個惡徒，可以說做了一件大好事。這就形成了一種人性的矛盾狀態，他也成為了灰色人物的典型。由此可見，在不同的立場和角度上看，人會呈現出不同的形象，有些是好的，有些又是陰暗殘忍的，所以用絕對性的東西去定義他們顯然根本行不通。

任子超原先是一個老老實實的小販，後來因為在市區裡租下店面開了個小超市，生活漸漸好起來，雖說算不上大富大貴，但是好歹也在市中心的某上等社區貸款買了房子。房子的手續辦好之後，他準備帶著一家人搬家入住，所以全家都很開心。人常說樂極生悲，就在一家人高高興興搬家的時候，卻發生了意外。在運送新書架的時候，任子超的車子撞到了社區裡的另一輛小汽車，雖說只是輕輕刮了一下，可是聽人家說被刮破的是一輛豪車，價值不菲。這下任子超徹底傻住了，他聽過電視上面的一些報導，說是有人撞壞豪車賠款上百萬，自己雖然沒對對方車子造成什麼大損壞，但賠上幾萬塊是免不了了，何況這世道往往如此。

一位慈眉善目的阿姨走了過來，看上去大概六十歲左右，她說這是她兒子的車，不過並沒有表現出什麼不悅的神色。任子超低著頭不敢說話，只是一個勁地解釋自己在搬家，一時心急才沒有看到旁邊停著的車子。沒想到阿姨打量他半天之後突然冒出這麼一句：「你們就是今天剛搬進來的新鄰居呀！你們住在三號三樓是吧！我就住在你們的樓上。」任子超點了點頭，結果阿姨大方地說：「車子的事情不用放在心上，何況車子保了保險的。」

後來任子超經過打聽才知道，自家樓上的那位阿姨是市政府的一位退休官員，平時對人非常熱情，說話也很和氣，沒有一點架子，鄰居們對她印象很好，不少人還受過她們一家的恩惠。任子超覺得自己真是遇上好人了，而且他發現每天早上遇見這位阿姨，對方都會主動和他打招呼，這讓他覺得受寵若驚，一想起撞車的事，更是感激不已。以後每次見到熟人，任子超就誇自己樓上的鄰居如何如何好，如何善待他的家人。在他口中，那位好心的阿姨簡直成了善良的化身。

不過，社區裡很快發生了一件大事，這事也徹底改變了任子超原先的看法。某一天早上，社區裡來了很多警察，像是有什麼大案子，任子超於是也跑出來湊熱鬧。可是沒想到卻在人群中看到那位阿姨手上正鎖著手銬，被法警押上車，而旁邊被鎖著的則是她的兒子。看到這情景，任子超驚呆了，他怎麼也想不通這麼好的人怎麼會被抓。

晚上，他從鄰居口中得知，這位阿姨在退休前涉嫌挪用公款為在國外經商的兒子集資，結果東窗事發。這時候，他反而有些迷糊了，原來像她這樣的好人也會有私心，也會犯下不可饒恕的錯誤，那麼她究竟是好人還是壞人呢？

這個世界並非總是是非清楚、黑白分明，這個世界也並不是除了對就是錯，除了錯就是對，我們的生活中總是存在許多定義模糊的灰色地帶，它們既不屬於好的派別，更不屬於壞的行列，似是而非，似非而是，時對時錯，亦正亦邪。所以無論是什麼人，不管他老實還是不老實，我們都不能一概而論，而是要從多方面看，從不同的角度去分析，更加理智地去了解。不要感情用事，不能僅憑主觀感覺來判定對錯是非，也不要單純地給所有的東西貼上固定的標籤，籠統地歸類，絕對化地評判，這些都不穩妥。

由此，你如果需要和周圍的人打交道，需要結交形形色色的人，需要掌握各種人脈，就不要輕易去評判別人，太過草率只會讓人對你產生誤解，無條件地信任一個人而不設防容易使你受到傷害，而無條件地貶低和防備一個人也可能會使你失去更出色的資源。

這個世界沒有絕對的好人，也沒有絕對的壞人，一刀切的做法容易出現偏差。所以，要認清一個人，我們需要掌握更加客觀全面的資訊，而首先要做的就是不要做死腦筋的老實人。

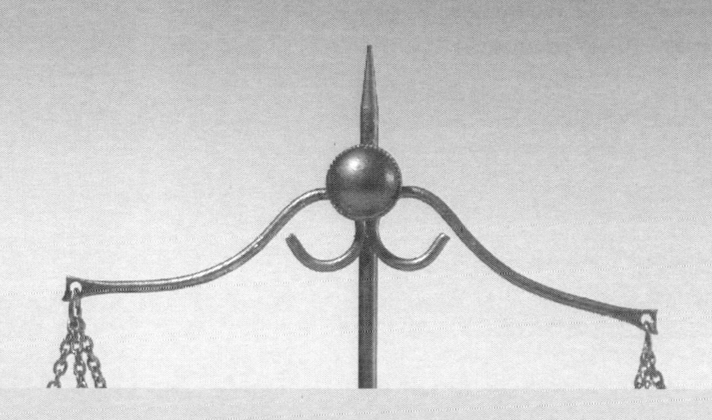

第三章

腦筋別太死，但也別想太多

1. 做事要認真，做人別較真

你是否對工作認真負責、兢兢業業、辦事一絲不苟，連一個標點符號也不會放過？你是否在工作的時候，事情總是做了一遍又一遍，左看右看，仍然不滿意？你是否總是骨頭裡挑刺，對自己的朋友、同事、下屬是橫挑鼻子豎挑眼，容不得半點錯誤出現？如果你不幸有了其中某一個特徵，那麼你就要注意自己的言行了，因為你很可能是個斤斤計較的偏執狂，一個較真的人。

喜歡較真的人往往讓人無法忍受，他們太過於強勢，也往往過於自信，什麼事都要盡善盡美，什麼事情都見不得缺陷，什麼事情都要萬無一失，結果任何一個接觸他們的人都會感到壓力倍增。

較真的人通常具備以下幾個特點：

過於固執，不懂得變通，只要自己認定的事情，常常就義無反顧地去做、去執行，很少會半途而廢。從來都不懂得何為放棄和退縮，這種超強的自信和固執往往很容易促使他們一條道走到尾，不撞南牆不回頭，甚至撞了南牆也不回頭。正因為如此，他們往往很難獲得成功。

過於苛求自己，事事追求完美。這個世界根本沒有那麼完美，也不可能存在完美，事事都追求到最好，這樣做人未免太累。一個人追求更精緻的生活，這是好事，可是過度執著於此就是一種負擔，最終於人於己都不是好事。學者南懷瑾曾經說過：「越保守的人越有自己的範圍，結果變成固執，變成黏膠一樣，自己不得解脫，被它膠住了。」可以說喜歡苛求自己和自己較真較勁的人，很容易替自己的人生設下阻礙，而且往往是在淹沒和抹殺自己的創造性。

不僅嚴格要求自己，往往也嚴格要求別人。無論是誰都無法真正做到毫無瑕疵，嚴格要求別人就容易得罪別人。較真的人將自己的價值觀和要求強加到別人身上，就很容易引起對方的反感和反抗，使得雙方的關係越鬧越僵。

其實，說到底，較真的人也是老實人，只是太固守原則，太過於苛刻，不懂得變通。而這樣的人不僅讓別人累，自己其實也會很累。

就好比世上沒有完美的事物，較真的人自身也是不完美的，既然如此，他們為什麼就不能接受其他不完美的存在呢？幹嘛那麼較真呢？生活原本就不完美，不僅如此，生活往往還需要一點缺陷美。

有個小和尚在打掃寺廟的時候，認認真真地將寺院打掃了一遍又一遍，連楓樹掉下來的紅葉也清理得很乾淨。可是住持巡查之後微微一笑，然後順勢用手搖了搖楓樹，等到紅葉落了一地才罷手。小和尚很疑惑地站在一旁看著，住持解釋說：「寺院裡落著楓葉，看起來不是更加優美嗎？」

古人說：「水至清則無魚，人至察則無徒。」水太清太乾淨了，魚兒反而生存不了；一個人太喜歡苛求了，就會喪失身邊的夥伴，就會被孤立。一個人太較真了，別人就會很難與其相處，與其合作別人也會無所適從。

王貝是一家機械製造公司的生產部門經理，為人倒是還不錯，生活中也懂得照顧那些下屬，而且還常常和員工打成一片。拋開工作不談，他和員工就像朋友一樣，只不過一旦涉及到工作層面，王貝立刻就換了一個人。他是一個十足的工作狂，這並非是說他多麼喜歡工作，多麼熱愛自己的本職工作，而是說他是一個非常認真的人，認真到有些讓人難以接受的地步。無論做什麼，他一定會考慮得很仔細，連最細微的地方也不會放過。而只要他看到某些地方還存在瑕疵，他就會瘋狂地投入到改正的工作中去。

辦事如此認真執著，要求如此苛刻，他就是一個完美主義者，這在工作上並不能算是壞事。公司裡的主管都對他很重視很信任，也正是因為有他這樣的幹勁，公司的生產才能在品質上得到有效保證。不過對於其他人而言，尤其對於那些下屬而言，王貝偶爾就像一個「瘟神」。因為他過於苛刻了，無論做什麼不僅嚴格要求自己，也嚴格要求自己的下屬要做到最好，而這實在太為難那些員工了，他們常常是一遍一遍又一遍地做下去，加班超時是常有的事。但是任何東西無論再怎麼去改造去完善，都不可能達到最完美的標準，如此較真只會讓所有員工苦不堪言。

王貝辦事認真，所以常常喜歡訓斥人，漸漸地，那些員工心裡開始產生了一些反感，一些人見了王貝，總是有意閃躲。不過他們也知道王經理是個好人，所以他們也不方便當面辯駁和反抗。此外，還傳出一些謠言，說王貝平時對人好，只不過是為了收買人心，為了在別人面前裝樣子，真正的目的就是要員工替他賣命。無論怎樣，員工們是一肚子的話不敢說，只能工作消極以示抗議。

一段時間之後，王貝察覺到了員工情緒上的不滿，他根本不知道是怎麼一回事，於是就找到一個老員工說話，希望了解詳情。老員工知道王貝的為人並不壞，所以一五一十地全部透露了出來，這下王貝才忽然醒悟，原來一切問題都出在自己身上，是自己太過追求完美了，以致於給大家帶來了巨大的心理壓力。了解真相後，王貝召集了內部員工，開了一次內部工作會議，在大會上他作了深刻的自我檢討，並對過往的較真行為表示抱歉，他鄭重承諾以後堅決不會以苛刻的態度來對待任何人。

王貝說到做到，往後工作雖然還是非常認真，但是不會再像以前那樣喜歡鑽牛角尖，喜歡抓住一些無關痛癢的小瑕疵大做文章了。正因為如此，員工們反而更加認真賣力地工作，工作熱情更加高漲，雙方的關係也越來越密切。

所以，做事可以認真，但做人不要較真，凡事沒必要斤斤計較、太認真、太在意，而應豁達一些。寬容自己的不足，包容別人的過失，包容這個世界的不完美，懂得欣賞這些不完美的東西。也應圓通一些，只要不違反大原則，對人對己不妨睜一隻眼閉一隻眼，這樣不僅不會影響到大局，還能夠增強自己和別人的感情，收穫更多人的尊重和信任。凡事想開一些，放得下才能收穫更多，才能為自己創造一個更輕鬆的發展環境，讓自己擁有一個瀟灑的人生。

▼ 2. 接受與你不同的人和思想

俗話說：「物以類聚，人以群分。」在社會生活中往往存在這樣一種趨勢和現象，即性格、身分、價值觀相近的人往往容易走在一起，而那些性格迥異、身分懸殊，或者價值觀相悖的人卻難以走在一起。這種特殊的現象有利於形成穩定的交友圈，但是也容易因此而阻礙群體的壯大，甚至讓不同群體之間產生隔閡。因為經常和自己意氣相投的人生活在一起，很容易產生一種生活慣性，排斥和疏遠那些和自己不同的人。這樣一來往往就會使自己的見識受到很大的限制，不利於自己長遠的發展。

田欽為人非常自私自大，做任何事情都希望別人圍著他來轉，只要他認為是對的東西，別人就應該遵從照辦，只要他反對的東西，就不應該拿出來討論。他從來都不會輕易改變自己的想法，也根本容不得那些不一致的聲音出現，更不必說虛心接受他人的意見了。平時說話討論問題，都是他一個人滔滔不絕地講。別人跟著附和還行，要是有人提出反對意見，那麼他就會保持一副攻擊的敵對姿態，不斷打斷別人的談話，不斷對別人的談話進行反駁，甚至故意譏諷對方的想法太天真。

正因為如此，大家都對田欽非常不滿，因為他們覺得他太過自以為是，無論做什麼都不把別人的意見當回事。其實所謂交流溝通，應是相互之間的思想和意見進行傳遞交流，可是田欽只會霸道地將別人的東西全部抹殺。幾個朋友曾經和他一起做生意，但是田欽每次都很自大，無論什麼事情，都要大家聽從他的意見，都要以他的意見為準，似乎這是他一個人的生意，似乎他才是最大的老闆。結果在他的指揮下，幾個人跟著他做了好幾筆虧損的生意，但是田欽卻不認為是自己的錯，反而尋找各種藉口和理由搪塞過去。作為朋友，幾個人也不好意思翻臉，只能忍氣吞聲，但是從此以後，再也不敢和他合夥做生意了。

有些人也勸過田欽，告訴他做人要經常和別人交流一下意見，這樣就能夠吸取到更多有用的東西，但是他卻覺得根本沒有這個必要，他還解釋說，戴一隻手錶能夠準確知道時間，戴兩隻手錶就會產生疑惑，而不知道準確的時間。他依然我行我素，覺得自己之所以沒有辦法做好生意，就是因為旁人的干擾太多，所以他決定自己投資大幹一場。不過他為人太自大封閉，根本不能接受那些更好的想法，一些先進的思想，他也從來不去學習吸收，還是按照自己原來的那一套做，結果，他的生意一直很不景氣，只能慢慢被市場淘汰，而且他的人際關係也變得很糟糕。

一個人太過信任自己而一味排斥別人的想法只會讓自己更加封閉、更加落伍，只會讓自己犯下更多的錯誤。一個人越是保持開放的姿態，所接收到的新東西就越多；越是保持謙卑低下的求教心態，就越是能夠彌補自身的不足。

所以，想要獲得更多的發展機會，做人就不要一味地老老實實，只固守在自己狹小的世界裡，而是必須要開拓視野，去結交更多的人，去接受更多的思想。當然，想要真正和那些與自己志不同道不合且性格迥異的人交流，自己就需要做出改變，讓別人了解和接受自己的思想。而想要別人了解自己，自己就要先主動去了解別人；想要別人理解自己，自己就要主動去理解別人，去接受那些與自己不同的人和事，接受那些和自己觀念不同的思想，接受那些和自己價值觀相衝突相矛盾的人。

要做到以上這些，首先，要懂得經常進行換位思考。我們每一個人都不一樣，性格不同，家庭背景不同，受教育的程度不同，人生閱歷也不同。每個人的成長環境都是不一樣的，這種差異會阻礙我們之間的交流，會影響我們彼此的認知和判斷，所以我們常常很難真正做到彼此去相互接受，相互了解，相互體諒。

正因為如此，我們為什麼不寬容大度一些呢？為什麼不更加理性地看待對方的思想？是的，我們應該如此，更應該站在對方的立場和角度去看待問題，而不是感情用事在一旁猜疑。只有懂得換位思考，我們才能了解對方的真實想法和真實動機，才能發現對方意見中的精髓。最終我們或許會發現事情並不像我們原先所想的那樣，他們也並非是我們所想的那種人，他們的思想也並非全無可取之處。

其次，要善於傾聽不同的聲音。我們不可能了解這個世界的一切，我們的思想往往具有很大的局限性，這會束縛我們的眼界和認知程度。一個人如果過度沉溺在自己的世界中，就很容易被孤立和淘汰，所以我們應該經常主動地吸收不同的觀點，虛心傾聽和接受那些截然不同的聲音。我們需要結交形形色色的人，需要認識各式各樣的朋友，對各種思想觀念進行兼容並蓄，努力去開闊自己的視野，彌補自身的不足，同時努力去加強雙方之間的交流。事實上，善於傾聽的人往往會受到別人的歡迎，而且還能收穫更多自己未曾了解的新東西、新理念。

最後，做人的眼界要開闊，心胸也要開闊。這個世界不可能所有的人都順著你的心意行事，不可能所有的人都能接受你的思想，所以不要強迫別人接受你的價值觀，當然你也不要輕易拒絕別人的思想。當別人對你的思想意見針鋒相對的時候，你不能總是懷疑對方是故意和你過不去，總是懷疑別人有意使你難堪。事實上，情況未必總是如此。

別人為什麼會罵我們，他們的動機是什麼，我們往往只會猜測。那些批評真的只是簡單的人身攻擊嗎？事實上我們可能忘了去研究對方的提議和觀點，也沒有深入了解對方的觀點是否正確，更不會認真分析自己的觀點是否有什麼不妥的地方。這個原因就在於我們在排斥別人，不想讓別人對自己的想法說三道四，不想承認自己說錯了或者做錯了。

一個太老實的人很多時候會自我封閉和自以為是，殊不知別人的東西或許更加高明，排斥他們實際上是在縮小自己的視野，在扼殺自己進步的機會。其實無論怎樣，接受那些罵自己的人，只會讓自己受益匪淺。所以當別人對我們提出異議和批評的時候，我們一定要微笑著聽別人把話說完，要保持儒雅的風度，不要氣急敗壞地急於反駁，如果對方的話有可取之處，不妨虛心接受對方的批評，如果的確是對方誤解了我們，那我們就向對方耐心解釋，不要得理不饒人。

總之，做人不能太老實，不能太封閉，太自我，要懂得去體驗不同的生活，去主動了解那些和自己不一樣的想法，去主動接觸那些和自己不一樣的人和事，努力去開闊自己的視野，去彌補自己的不足，只有接受新事物才能獲得長遠的進步和發展，固執地堅守自己狹小的陣地只會讓自己的視野越來越窄，讓自己越來越孤立，讓自己逐漸被淘汰出局。

▼ 3. 堅守原則得罪人，該變通時就變通

當你兢兢業業按照規定辦事的時候，總是不得人心，遭人怨恨；當你同別人講原則、講道理時，往往讓對方嗤之以鼻，怨聲載道。你做的每一件事都有理有據，從不偏袒也從不放縱包庇，可是別人卻總是喜歡說你公報私仇，說你仗勢欺人，說你執迷不悟。你在堅持大眾化的原則，而別人卻希望你遵循人性化的遊戲規則。做一個講原則、有原則的老實人，往往吃力不討好。

唐朝時的魏徵喜歡直言進諫，曾經深得李世民的歡心，他死的時候，李世民甚至前往弔唁，並告訴左右說：「夫以銅為鏡，可以正衣冠；以古為鏡，可以知興替；以人為鏡，可以明得失。朕常保此三鏡，以防己過，今魏徵殂逝，遂亡一鏡矣。」這是極高的評價，不過魏徵這樣的人太堅持原則而不知變通，所以曾多次惹惱唐太宗，太宗甚至揚言要殺掉他。而在魏徵死後不久，唐太宗得知他生前將那些進諫的資料給史官，並要求史官如實記載唐朝的歷史，而太宗一朝也有諸多見不得光的祕史，使得唐太宗勃然大怒，命人砸掉了魏徵的墓碑。

原則的確可以有效地約束一個人的行為，可以確保我們不迷失方向，不過原則因為它的固定性和強制性，往往會對人身自由、一些利益有一定

的限制。任何東西只要有條有框、上綱上線，只要白紙黑字到處張貼，那麼必定會喪失掉一些人性化的東西。我們不能草率地評價這樣做好還是不好，堅守原則本身很有必要，但是具體操作起來，還是要由人去執行。規定是死的，而人卻是活的，所以我們既要懂得利用原則辦事，也要懂得不能被原則所拖累和束縛住，不能因為過度堅持原則而搞亂自己的人際關係，使自己被周圍的人孤立起來。

老李是公司裡的老員工了，公司裡為了獎勵他多年來的忠心和勞苦功高，決定給他一個糾察的職位。這個職位很清閒，平時就是監督一下公司裡的各種情況，對於一些不好的現象進行記錄，實際上沒有多少權力，也不是什麼正式的職位。不過因為老李非常受主管的信任，他的工作很多時候都是直接向主管彙報的，所以很多時候公司裡的人對他還是有所忌憚和尊重的。

老李有事沒事就拿著一個紀錄的小本子在公司各個角落裡閒逛，辦事非常認真。其實當初主管給他這樣一個職務，目的就是要讓老李休息休息，不要再像以前那樣拚命工作，現在說白了就是一個閒職，哪怕你一天到晚在大門口拿著收音機聽戲也沒有什麼，因為主管根本就沒有想過要老李做出多大的貢獻，這份職務純粹就是獎勵。但老李根本閒不住，他覺得既然主管如此信任自己，他就應該努力認真地工作，幫助主管監督好一切。所以他每天都不閒著，反而到處走動，有人亂扔垃圾，有人在公共場合抽菸或者大聲說話，有人在工作的時候聊一些不正經的事情，有人上班時間打電話，有人今天上班遲到了幾分鐘，他都要管上一管。無論是大事小事，只要被他發現了，他就都毫不留情地在本子上記上一筆。

更重要的是老李是個直腸子，有什麼就說什麼，說話辦事都不知道拐彎，一就是一，二就是二，只要違反了公司的規定，他就堅決舉報。很多時候，大家都會央求他通融一下，但是都被他拒絕了。偶爾他還罵那些人不務正業，只知道靠關係走後門，只知道想一些歪點子。而事實上呢，大夥兒平時犯下的大都是一些無關痛癢的小錯誤，一些無傷大雅的問題。除了可能在面子上過不去，其他的也沒什麼，所以沒有必要去斤斤計較，何況對老李而言，這些不過是舉手之勞。可是老李對於別人的「求饒」堅決不同意，總覺得如果自己睜一隻眼閉一隻眼，就是壞了原則和規則，就是瀆職行為，這讓他覺得難以接受。

老李的固執讓大家很生氣，因為平時大家或多或少都犯過一些小錯，所以也都被老李記錄在案。他們私底下議論紛紛，認為老李只會拿著雞毛當令箭，認為老李的職位只不過是個擺設，根本不值得裝腔作勢，賣弄權力。老李無意中聽到了一些閒言閒語，心裡覺得很不是滋味，因為自己一直以來只是認真做好工作，只是按照原則辦事罷了，根本沒有想過賣弄什麼權力。他這麼大年紀了且在公司待了多年，還從來沒有被人說過，心裡非常難受，最後乾脆主動辭職，無奈地離開了公司。

通常堅守原則的人都是些做人本分、老實的人，但是他們堅守原則卻不懂得變通和通融，因而常常讓自己陷入不堪的境地中。所以，為避免出現不堪，一個人就算做個老實人，就算要堅守原則，也要懂得變通和通融，凡事要視具體情況而定，不能陷入到那些死標準死道理之中。當然，做人要懂得變通和通融並不是說讓人不守原則，一個不講原則的人同樣容易遭人唾棄，而是說凡事我們不妨中庸一些。無論做什麼，都必須堅持一個大原則，這是做人的底線，是我們做事的一個基準和基本方向，只是在大事面前，一定要態度嚴肅，一定要嚴格按照原則辦事，絲毫不能有半點馬虎，而對於那些細枝末節、無關痛癢的東西，就沒有必要總是斤斤計較，只要不會對整件事情造成太大的影響，能鬆的可以適當鬆一些，能放的就適度放一點，不能只認死理不講人情，更不能得理不饒人，不要總是拿著原則和道理說事，更不要拿著雞毛當令箭使。

做人不能太死板，靈活一些是需要的，可以變通的地方變通一下，與人方便，與己方便，這是我們的生存之道。我們沒有必要太過固執而傷害了和別人的感情，不能因此而堵死了自己與人交往的道路。

有時候，撇開第三方的那些制度規定，我們自己也會堅持自己的一套原則，也會擁有自己的處事方式和習慣，但我們應該明白自己所謂的原則不一定適用所有人，也不一定會顧及所有人的利益。當自己的一套原則傷害到別人的利益時，自然會引起別人的反感和反抗。所以我們要懂得協調利益方和原則這兩方面的關係，也就是協調自己和利益方的關係，這需要一定的處事技巧，需要有所讓步和妥協。開口閉口都是大道理，大事小事全是原則準則，別人就很難適應自己的處世風格，而自己想要結交更多的人，想要真正和別人和諧相處，就要適當磨掉自己身上的稜角，適當地放下那些高尚的思想武裝，以更加圓融的姿態迎接形形色色的人。

做人能夠堅持原則，能夠有自己的行為準則，能夠堅守做人做事的道理，這本身是件好事，不過也不應該太執著在原則上，不要太執著在大是大非的問題上，總是認死理，總是擺出一副「原則之外，絕不網開一面」的姿態，否則好事就會變成壞事。其實只要事情不會發生大的變化，只要不影響大局的發展，不改變事情的性質，為何不給人方便的機會呢？這樣原則人情兩不誤，難道不是更好的生存之道嗎？

▼4.得過且過要不得，擁有創意很關鍵

生活，生活，每個人都在說生活，但是很多人對於生活的理解很直接，也很簡單。所謂生活，就是生著活著，至於如何去生如何去活，他們從來沒有認真去考慮過，自己過得好一點無所謂，過得次一點，也能接受，好歹都不會太過在意。這一類人往往沒有固定的生活標準，沒有自己想要追求的生活，也不知道何種生活才真正適合自己，當然他們也沒有去嘗試過。他們因為得過且過，所以生活品質通常都沒有任何保障，這類人中不少都是老實人。

當然，有關如何生活，每個人都會有自己不同的看法，也沒有哪一種活法就一定更加合理，關鍵是要看自己過得如不如意，過得開不開心。但無論何種活法，關鍵是要過得有味道才行，生活如果總是一成不變，最終就會成為一潭死水，失去活力和生機，這種生活過起來只會讓人感到索然無味，久而久之，人就會對人生產生許多負面情緒，會因為過度壓抑而失去對生活的渴望，會產生麻木的心理。

雅馨和雅靜是雙胞胎姐妹，外形上非常相似，但是兩個人的性格卻迥然不同。姐姐雅馨喜歡熱鬧，喜歡追求各種不同的生活方式。她懂得如何調節自己的生活，懂得體驗不同的生活。為此，她開過美甲店，賣過服

裝，賣過首飾，還當過導遊，因為她本身就是一個喜歡旅遊的人，每一年她都會邀請朋友一起去不同的城市遊玩。而且她喜歡聽音樂，學過鋼琴，還學過舞蹈，她覺得這樣的生活才多姿多彩，也才更有滋味。

相比而言，妹妹則安靜得多，凡事都穩穩當當，只要不出錯，只要不發生大的變動，她就可以一成不變地過下去。她的生活非常枯燥乏味，每天除了上班，就是洗衣、做飯、睡覺，根本沒有什麼其他的娛樂活動，也沒有什麼額外的生活安排，每一天都是一個樣，就連她的朋友也嘲笑她一下子就從模子裡刻出了往後三十年的生活。別人問她生活過得如不如意，她也不知道該如何回答，自己有一份不算出眾但尚且能夠餬口養家的工作，有一個感情有分裂還沒有離婚的丈夫，一切似乎都不那麼順心。姐姐也曾讓她改變一下自己，該放棄的就要放棄，該改變的就要改變，要不然受苦的只會是自己，但是她覺得自己的生活還是可以維持下去，只要工作能夠養家，只要丈夫還沒有正式提出離婚。

兩個人的生活反差如此之大，兩個人的生活品味也高下立分，命運迥然不同。姐姐每天都快快樂樂，找方法讓自己開心，對生活充滿了期待，儘管自己還沒有結婚，但是卻總覺得真愛有一天會找上門來。而妹妹成天悶悶不樂，得過且過的心態讓她生活得很壓抑，就像被浸在死氣沉沉的水溝裡一樣，看上去比自己的雙胞胎姐姐要憔悴許多。

一成不變的生活總是很壓抑，對人身心都不好，而生活就應該百變，就應該像流動的水一樣，這樣才能保持生命力和活力。那麼如何去改變死板的生活模式，又如何去提高自己生活的水準呢？

改變生活首先要有更高的追求。是否願意做出改變往往取決於對自己的生活是否滿意，是否還擁有更高的追求。如果我們對自己現有的一切感到麻木和厭惡了，那麼我們就要為自己的生活設定一個更好更高的目標，沒有追求的要擁有自己的追求，有追求的則要盡快去實踐自己的追求。因為有追求，就會有動力，這樣的生活才能充滿生機。

有追求還要有同過往生活一刀兩斷的勇氣和決心。許多老實人之所以不想去改變，之所以沒頭沒腦地在原來的生活中打轉，很大的原因是他們覺得改變的成本太高，風險太大。其實，從內心來說，許多老實人也都希望自己過上更好的生活，只不過他們根本不想去嘗試，不想做出改變，哪怕明知道生活條件不好，也湊合著過下去。感情平淡的夫妻礙於婚姻而不得不在一起，結果兩個人可能痛苦一生；事業沒有起色的人純粹追求穩定而從不考慮改行改業。很多時候老實人都害怕做出改變，所以他們一定要拿出相當大的勇氣來，覺得生活過得不好，就果斷地做出改變，和過去的生活說再見。

生活的改變，最重要的是要有創意。生活最忌呆滯死板，缺乏靈活性，缺乏流動性，缺乏必要的新鮮感，這種生活當然容易枯燥乏味。好的生活必須是有活力的，需要有不同的風格，需要融入更多新鮮的元素。老實人就該為自己的人生加入一些調味品，這樣生活才能過得有滋有味。戀人之間出人意料的浪漫舉動，室內裝潢裝修的改變，偶爾嘗試接受人生刺激的挑戰；一束花，一個小掛件，一個擺設位置的變化，這些都是新奇的改變，都會帶來意想不到的效果。這些創意老實人都可以做到，只要自己願意去做。

生活不僅僅就是吃飯、睡覺、說話、散步、上班、勞動，不僅僅是那些最基本的物質需求，而應該是一個包羅萬象的形態。如果說活著是它最基本的形態，那麼如何更有意義地活著則是它的進化方向。人生匆匆幾十年，貧窮著是過一輩子，大富大貴也是過一輩子；庸庸碌碌是過一輩子，勇敢打拚也是過一輩子；得過且過是過一輩子，保持新鮮和創意也是過一輩子。同樣是過日子，同樣只有一次機會，為什麼不讓自己過得更好一些呢？為什麼不讓自己的人生更加豐富、更加有生機一些呢？無論是誰，他的生命都需要更加充實豐富一些，生活都需要有深度有內涵一些。每個人都需要對自己的人生負責。

▼ 5. 別將太多的心思用在表面功夫上

現如今的社會，總是會出現一些不良的風氣，發展經濟的只知一門心思的塑造形象，而不注重實體經濟的發展；主管們三天一大會兩天一小會，天天開會、演講、印發檔案，宣傳新政策綱領，到處視察，卻從來不曾真正幹過一件實事；搞教育的只懂得擴招，只懂得圈地蓋樓，卻從未想過提高教學的軟實力；生產廠家只注重產品的包裝，包裝越來越精美華貴，品質卻一天不如一天；寫文章的只注重修辭，只注重優美的語句和動人的故事，卻從不在乎表達的內容和思想。很多人成天都只想著如何做好表面功夫，凡事都流於表面，流於膚淺，流於形式，流於外在的形象。在他們看來東西只要外表光鮮亮麗就行，所以那些東西看上去非常漂亮，然而也僅僅是看上去而已，內在的品質往往一塌糊塗。相比老實人，這些人可謂都是不太老實的人。

趙宇非是一個很愛慕虛榮的人，自己雖然沒有什麼多大的本事，但是他認為一個人一定不能在人前展示窩囊的一面，哪怕你再怎麼無能，也不能在別人面前失了面子，也不能在人前表現得像個無能之輩。不過他從來都沒有認認真真地想過要如何提高自己的能力，沒有想過如何透過實力讓自己更有魅力，反而只想一些歪點子，只做一些表面功夫欺騙和敷衍別人。早在上大學的時候，他就被人稱為「空心王子」，腹內空空，外表卻總是很討人歡心，別人都覺得他是有能力的人。那時候在表演社團裡，趙宇非和別人說話動不動就說一些名言警句，動不動就聊一些高深的文學問題，讓別人覺得他是一個很有才氣的人，可事實上他對文學根本就沒了解多少，就連一些最基礎的作家名字也弄不清楚。他喜歡賣弄自己，但是每次考試都是最後幾名，所以同學們私底下都嘲笑他太能裝了。

畢業以後，他的臭毛病還是沒有改過來，無論做什麼事都是敷衍了事，當然表面上他總是做得很有水準，讓人一看就很放心。另外，他常常在同事面前表現出很有能力的樣子，無論是說話還是辦事，都讓人覺得他很有經驗很有氣度一樣。他還常常對同事們提一些意見和建議，開會的時候總是說得頭頭是道，而實際上，他根本不知道如何去做。但是無論如何，他的舉動都被老闆看在眼裡，大家也都覺得趙宇非應該是能力出眾的一個人。老闆於是決定讓他去聯繫客戶，主攻行銷這一塊。趙宇非欣然領命，而且表現得自信滿滿，可是等他真正接觸業務時，一下子就沒了原先的氣勢。因為自己專業的能力根本就不過關，以前那些完全是靠嘴巴吹出來的，現在要真槍實彈地動手落實到正事，他能力不足的問題終於暴露出來了。經過了很長一段時間，趙宇非的工作進度還是很緩慢，絲毫不見任何業績。為了糊弄過去，他想辦法弄到了一大幫小客戶，並很快將資料傳給公司。一開始公司還覺得趙宇非作為新人一下子能拉到那麼多業務的確很了不起，可是公司很快發現這些客戶根本不可靠，信譽不佳且實力弱小，根本不值得合作。老闆見趙宇非工作幾個月只拿回這樣一份慘淡的成績，不禁怒火中燒，沒等他回來覆命，就將他掃地出門。

顯然，那些花花架子就像電影電視中的花瓶一樣，看上去很美麗，但只是徒有其表，一個擺設而已，除此之外，沒有任何真正的價值。存在的問題仍舊存在，該解決的問題依然沒能解決，忙活著掩飾一切，不過是騙人騙己，最終也是害人害己。

雖說做人不要那麼老實，要靈活一些，但踏實穩重還是需要的，在推銷自己、表現自己的時候，想留下好印象給別人，就應該注重內功的修練，注重實力的發揮，而不是大張旗鼓地擺一些花架子，裝腔作勢。要知道，做給別人看的同時，更應該做給自己看，不要貪圖一時的虛名，專心辦好正事才是正道。

所以要把事情做好，就要先做好人。首先，要做個有大局思維、能知輕重、能分主次的人。一個人真正想要立足發展，想要真正贏得別人的認可，就要憑藉真本事踏實做事，而做工作就要掌控好工作的重心，把事情真正做好做到位。如果主次不分，只做表面工作，喧賓奪主，無論面子工作做得多好，都是禁不起推敲的，最終會原形畢露，對工作無益不說，甚至還會反過來妨礙整個工作的進行。所以一定要擁有大局思維，要懂得自己真正應該做什麼，最應該先做什麼，絕對不能丟了西瓜去撿芝麻。

其次，要做個不急功近利的人。很多時候，那些不老實的人之所以喜歡做表面功夫，就是因為他們太想要獲得成功，太想要得到別人的讚賞和認可，當正常的途徑難以達成目標後，他們就會耍一些小聰明，花點力氣修一修門面。為人處世切忌貪功求快，太急功近利，須知欲速則不達，即便你真正做到了，也只是些外表華美卻內部卻漏洞百出、品質低劣的豆腐渣工程。所以要做好事，一個人保持平和的心態很重要，這樣就可以避免盲目求功、盲目求快。

第三，做個做事踏實、取信於人、絕不弄虛作假的人。無論做什麼，都要真正落到實處，答應別人的事情，就要努力做到，不能表面上說一套，暗地裡做一套，給別人開空頭支票，這樣只會讓人覺得你是一個口是心非、言行不一的人。自己分內的工作任務，就要一步一個腳印地做好，不能裝裝樣子敷衍了事。敷衍解決不了所有問題，這次你可以矇混過關，但你不可能每次都那樣走運，而且你的工作業績終究會擺在那裡。與人結交時，要拿出自己的真心實意，而不是花言巧語，半哄半騙，別人可能一時之間會被你所迷惑，對你又是讚揚，又是信任，又是尊重，但日久見人心，你遲早都會露出自己的不足的。

總之，那些喜歡做表面功夫的不老實人，往往外強中乾，華而不實，表面上看起來很有能力，也很有氣勢，但是內在卻沒有多少真才實學。這樣的人或許可以春風得意，欺騙別人一時，但絕對騙不了別人一世。所以，做人還是要踏踏實實做好自己該做的事，修練好自己的內功，這才是立人之本。

▼ 6. 知足而樂，快樂拒絕不知足的心

聖人孔子在評價自己的弟子顏回時說：「一簞食，一瓢飲，在陋巷，人不堪其憂，回也不改其樂，賢哉回也。」孔子認為顏回是真正的賢人，因為顏回每天只吃一小碗飯，只喝一瓢水，而且居住在破巷子之中，生活無比清貧，別人無法忍受這種生活，而他卻能苦中作樂，實在非常難得。顏回之所以能夠安貧樂道，就在於他懂得知足，他對於自己的生活沒有什麼過多的物質要求，正因為如此，他才能夠忍受別人不能忍受的困苦。

做人就應該這樣，懂得該知足的時候要知足，懂得適可而止，懂得如何獲得真正的快樂。很多時候，我們覺得生活不如意，往往是由於我們的慾望太多，想要得到更多，想要追求更好，結果導致我們對現有生活不滿。其實當一個人擁有自己想要的一切之後，或許發現自己原來根本不需要那麼多，發現自己已經被過多的物質牽絆和束縛住了，過往的幸福也難以尋覓。一個人苦苦追求得到那麼多，占有那麼多，到頭來可能還比不上一個簡簡單單生活的人所得的快樂多。而且，一個人的慾望越大，失去的反而可能也會越多。

孫正是一家小工廠的老闆，工廠業務不大，規模也不大，收益還算不錯。家庭經濟方面雖然比不上大富大貴人家的應有盡有，但是一般的小康

生活水準還是有的，吃的穿的根本就不發愁，家庭生活也算美滿，妻子為人賢惠能幹，還有一對乖巧的兒女，可以說完全是一個幸福的四口之家。不過孫正卻並不滿足於這樣的生活，他覺得依靠自己的能力，完全可以得到更多的東西，可以賺到更多的錢。

聽別人說股市賺錢最快，孫正於是就開始一門心思地學習如何炒股，他還專門找到一個炒股的朋友向他請教。不過朋友卻勸他說股市有風險，雖然賺得多，但是虧得往往也多，還不如安心工作，這樣更加穩當一些。孫正有些不樂意了，他聽說這個朋友這些年可是從股市裡發了一筆橫財，就以為對方故意不讓自己賺錢。朋友沒有辦法，只好任由他去炒股，不過他告誡孫正萬事要知足，千萬不能太貪婪，否則就容易虧得血本無歸。孫正連連點頭，心裡卻壓根沒把這事放在心上。

為了更快更多地賺到錢，孫正每次都是大手筆投資，偶爾股票漲了，他不捨得立刻拋售，總想多賺一些，而跌了又總覺得會反彈，每次都被牢牢套住，損失慘重。因為太貪婪，他常常錯過最好的拋售時機和購入時機，於是很快就輸掉一大筆錢。人家都說股市中的散戶十有八九都在虧錢，孫正卻不信邪，覺得自己能夠時來運轉，再加上他為人不知足，總想著發大財，結果事與願違，不僅沒有發財，還反過來虧損了一大筆錢，將自己多年的積蓄都虧空了。為了籌集資金繼續炒股，他乾脆借錢，還連帶著變賣了自己的工廠，朋友勸阻他及時退出股市，他卻執意堅持，解釋說工廠的盈利太小，難以滿足自己的胃口。

就這樣，貪婪的孫正越陷越深，幾乎到了難以自拔的地步。結果可想而知，沒過多久貪婪的他很快把錢全部輸光了，可以說是身無分文，連日用的生活開銷和孩子上學也成了經濟負擔。這時他才忽然醒悟，可是一切都太遲了，手裡的積蓄沒了，工廠也沒有了，他還欠下一大筆債務，妻子一氣之下準備和他離婚。他悔恨萬分，要是當時能夠知足一些，不那麼貪心，也許就不會落到如此落魄的地步。

其實，我們每一個人不妨都想一想，自己究竟還需要什麼呢？自己究竟又欠缺什麼呢？我們有足夠充飢的食物，有可以保暖的衣服，有親朋好友，有自己的愛情和家庭，有一份穩定的工作，還擁有明媚的陽光和新鮮的空氣，擁有廣闊的視野和美妙的大自然聲音，擁有健康的身體和快樂的每一天。事實上，我們什麼也不缺，但我們卻從來不曾真正感恩生活，我們對自己所擁有的一切都覺得理所當然，不僅如此，還總是覺得生活虧欠了我們什麼，可是有一天當我們全部失去、一無所有時，也許才會知道自己曾經竟是如此幸福。而這一切也可以說都是因為我們一顆不老實的貪心造成的。

英國有一句諺語：「忘恩比之說謊、虛榮、饒舌、酗酒，或其他惡德還要厲害。」每一個人都要懂得感恩，要感謝生活賜予了自己那麼多的東西，感謝生命賜予了自己享受生活的機會。只有心懷感恩，自己才會懂得珍惜眼前的一切，才能夠安然地享受現有的生活，才會知足，而不過多地苛求自己得到更多的東西。只有心懷感恩，我們才能感受到這個世界的美好，懂得自己的幸福，快快樂樂過好每一天。而要懂得感恩，就需要有一顆老實、懂得知足的心。

另外，做人應該活在當下，不要總是去幻想著未來的美好生活，不要總想著未來要得到更多。有些人之所以不快樂，大多就是因為他們總是不那麼老實，一顆心總是不知足。而事實上，我們都是現世之中的人，都是活在當下的人，我們的任務就是過好每一天，珍惜並享受現在擁有的一切。過去的生活已經無法回溯，未來的日子又難以掌握，所以不妨認認真真、安安心心過好當下。正如臺灣作家林清玄所說：「昨天的我是今天的我的前世，明天的我就是今天的我的來生。我們前世已經來不及參加了，讓他去吧！我們希望有什麼樣的來生，就把握今天吧！」

而把握自己現有的生活，就要過好自己的生活，不盲目地去和別人比較。因為有對比才會有高低、有落差、有嫉妒和自卑，也才會有索取的慾望。很多時候，我們習慣去參照別人的生活，別人有的，我們也想要擁有，只要別人比自己過得更好，我們就會產生自卑的心理，就會想辦法彌補和超越，這樣自然就會對自己的生活感到不滿足，最終也可能會被自己的慾望拖垮，因為當我們把別人的東西看得過重時，就會把自己的幸福看得太輕，會輕易丟掉自己眼前的幸福，而去賭那些不可預知的東西。

一個人擁有的東西越多，並不代表幸福就越多，並不代表其生活就越好。心中放下了太多外在的東西，自然也就很難裝下一個快樂的自己。所以，做人有追求沒錯，但不要太貪心，要適可而止，懂得知足，該老實的時候就老實一些，這樣快樂就會多一些，知足地把握自己的東西才是最好的。

7. 為好奇心設道閘門

一個人應該有好奇心，因為好奇心往往是我們探尋和發現世界的驅動力。小孩子總是對這個世界很好奇，總喜歡了解周邊發生的一切，所以父母們都在積極引導他們，盡量培養他們的求知慾，不加以干涉和限制，這樣小孩長大後求知慾就會很強，而且往往具有探索精神，這就是說好奇心具有一定的積極作用。但是西方有句諺語，叫作好奇心害死貓。傳說貓有九條命，無論如何都不會輕易死去，但是生命力強勁的貓卻會因為好奇而死去。過度好奇往往帶有很大的風險，因為好奇的人總想去了解一切，總想著如何弄清楚真相，但是這個世界中，有些事情是不能貿然去接觸的，有些東西還是不知道為好，知道的越多越清楚，反而越對自己不利，這就是說做人有時還是要老實一些的好。.

肖華是一個非常喜歡打聽別人生活的人，誰家出了什麼大事，誰家的孩子考試考了多少分，誰家有多少家產，有什麼見不得人的祕密，他都想要知道得一清二楚。有些事，只要他聽見一點風聲，他就想辦法去了解情況，而且他不喜歡自己總是處在不明不白的狀態之中，常常打破砂鍋問到底。肖華的心裡總是裝不下事，只要有一點苗頭，他就想要順藤摸瓜，把所有的事情都弄清楚，他可不想糊里糊塗地混過去。不過，都說不該知道的事情不能過多地打探，有些事情不該知道的就不用去了解，有些事只要點到為止就行，不能太過好奇，過度好奇可能就會帶給自己麻煩。有一次，主管準備出差，就將肖華叫到辦公室裡，把公司裡的事情交代一下，讓肖華在他出差之後把公司的財務報表重新改一下。主管還提供了一系列的參考數據。肖華非常好奇，於是就問：「好好的為什麼要改掉財務報表的數據？」主管抬頭看了他一眼，接著淡然地說：「沒什麼。」

其實這就是一個明顯的暗示，暗示肖華不要多嘴，可是肖華不但沒有就此打住，反而又多問了一句：「是不是出了什麼問題？」主管一下子就不高興了，把臉沉下來：「讓你做你就做，哪來那麼多為什麼，你的工作就是執行，明白嗎？」被數落一頓後，肖華收斂了一些，不過他還是很好奇，為什麼公司的財務報表要突然改掉呢？為什麼主管又偏偏選擇在這個時候出差，莫非前一段時間裡說公司的財務出現問題是真有其事？

主管交代完之後就走出了門，肖華於是好奇地翻出那些報表，然後核查起來，沒想到這時主管突然折返回來拿東西，結果正好碰見肖華在那裡認真核查。想想剛才肖華打聽來打聽去的態度，主管一下子火冒三丈，立刻決定將肖華開除。事實上，事情並不像肖華想的那樣，只不過是因為主管的一時大意，將 4 乘以 7 算成了 26，以至於公司財務報表上的數據出了錯，結果主管被上面的主管罵了一頓，這樣主管自然是有一肚子的火，而且這畢竟是件不光彩的事，他還是要掩飾一番的，可是肖華卻不屈不撓地想要弄清楚，正好觸碰到了主管的痛處，自然免不了被開除。

肖華的悲慘經歷告訴我們一個道理：萬事都可能有風險，獵奇需謹慎，該老實的時候老實一點沒有錯。一般來說，以下幾種情況，是不適宜獵奇的，你知道的越多，對自己反而越不好。

第一，關於別人的私事醜事，最好還是少知道為妙。心理學家認為每個人或多或少都具有一定的窺私慾，都想要去知道別人的隱私，想要了解對方心裡的祕密，以及那些難以公開或害怕公開的事情。一個人如果有什麼不可告人的祕密，如果有什麼見不得人的私情和醜事，別人就會總想去挖掘出來，一探究竟，以滿足自己的好奇心，並將其作為茶餘飯後的話題。每個人一面試圖保護自己，不想讓別人過多地了解自己的私密，但是一面又千方百計地去窺探別人的事情，不希望別人隱隱藏藏，同時還希望他們遇到一些麻煩，這就是每一個人的私心和心理陰暗面。

窺私畢竟不是一件光彩的事情，無論你的動機是什麼，過多地打探別人的隱私很容易傷害到別人，自然就會引起對方的反感。所以不要總是很八卦地打探別人不願意說的事情，更不能私自去打聽別人那些見不得光的事情。你習慣於打探別人，習慣於窺私，習慣於拿別人的事情說事，你的親人、朋友、夥伴，你周圍的所有人都會對你產生防備之心，都會處處疏遠和防備著你，因為你不再值得他們去信任。你在保護自己的同時，也要想到別人同樣也需要自我保護；你在保護自己隱私的時候，也要懂得去尊重別人的隱私權。

第二，不要輕易去了解並嘗試那些未知的事情。人都有求知慾，都有探尋世界的想法，尤其是那些未知的東西，因為足夠神祕，往往更吸引人，往往更能夠吊人胃口。所以我們很容易就會對未知的事情感興趣，渴望成為挖掘真相的第一人，去享受那份發現真相的喜悅和激動。但是正因為那些東西是未知的，我們才難以去評估它們的風險，才難以評估自己這樣做是否值得。當然，勇於探尋和冒險是好的，但是這並不意味著你可以無所顧忌地去冒險，當某些事情超出你的理解和認知範圍的時候，其往往就超出了你所能控制的範圍，而讓你無力去控制它們，一旦出現事故，你就難有辦法幫助自己逃離出來。未知的東西，常是挑戰和風險並存，如果你沒有足夠的把握去控制事態的發展，那麼最好先控制住自己的好奇心，不要輕易承受巨大的風險。

第三，不要試圖挑戰權威而嘗試著進入生活的禁區。就像吸毒一樣，很多吸毒的人，並不是因為生活空虛而吸毒，也不是因為受到朋友影響而沾上毒品，而是出於好奇。社會越是禁止，他們就越是要進入雷區去嘗試，這種叛逆性還展現在他們自以為自己足夠強大，強大到可以抵製毒品的侵蝕，結果一下子誤人歧途。很多時候，我們都試圖去挑戰權威性的東西，越是危險的東西就越是覺得刺激，越是明令禁止的就越是要染指，越是不被大眾認可的就越是要接觸。這種反對權威的好奇心，因為足夠刺激而使自己收穫到巨大的滿足感，最終很容易將我們推入困境之中。所以不是什麼東西都可以好奇地去嘗試的，如果這個社會都在禁止，那麼你就沒有必要唱反調，尋求刺激。

我們有了解這個世界、揭示真相的需求，有些事可以去了解，而有些事不能總是打破砂鍋問到底，不要好奇地去嘗試，小心別人利用你的好奇心引誘你進入陷阱。

在非洲，當地的土著人為了捉住那些糟蹋莊稼的狒狒，就想出了一種特別的捕捉辦法。因為狒狒比較好動，好奇心很強，很容易受到各種好東西的誘惑，所以土著人就在莊稼地裡放上一個簡易的木箱子引誘它們。箱子裡面到處都是機關，機關上面是一些美麗的緞帶，只要拉動它們，箱子就會自動關上。好奇心很重的狒狒總會衝進去玩弄那些彩色的布條，結果將自己困在裡面。這時獵人捕獲他們就易如反掌。

所以，做人有時需要老實一些，凡事要適可而止，要盡量控制住自己的好奇心，須知探求有風險，好奇需謹慎，不要讓自己身陷困境。

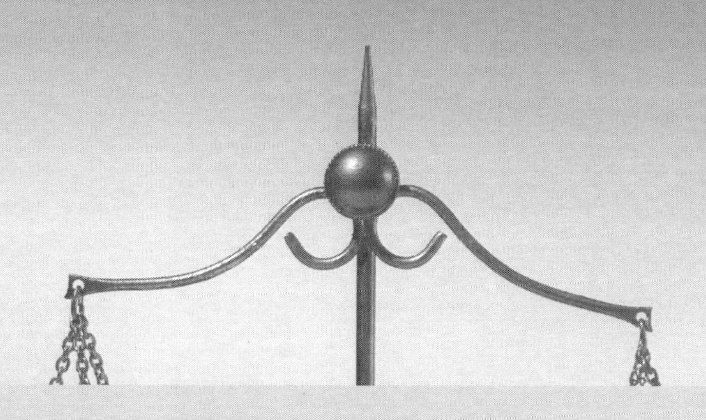

第四章

別不敢表現自己，也別不識趣搶風頭

1. 理直就要氣壯，說話大點聲不耗電

有些人說話時戰戰兢兢，沒有一點氣魄，結果明明自己有理，卻被別人反過來羞辱一頓。有些人說話理直氣壯，即便自己做錯了，也振振有詞，看上去明顯沒有落入下風。兩相對比之下，我們就能發現，一個人說話的效果，往往和氣場有關，雖然說有理不在聲高，但聲音不高、氣勢不壯，我們說的話就總是顯得分量不足。我們不倡導無理取鬧的大嗓門，但是只要自己有理有據，那麼說話時就應該挺直腰板，眼神就不要總是畏畏縮縮、躲躲藏藏，聲音不要結結巴巴、和風細雨，給人一副老實可欺的樣子。

無論如何，一個人說話時都要注意給予人底氣足、語氣乾脆而肯定的感覺，這樣才能起碼保證不輸掉氣勢。尤其是和人爭論辯解的時候，想要說服別人，僅僅占有道理還不夠。你可以說你的道理，但是如果你不懂得用正確的方式表達和闡述，別人就不一定會贊同、會買帳，你的觀點就可能被忽視、被認為無足輕重。所以，想要真正讓別人關注你的發言並為你的發言感到心服口服，在懂得掌握語言技巧的同時，還要在底氣上略有張揚才行。比如，說話時聲音洪亮，口齒清晰，神情大方、自然或淡定，態度表現得很親切、和藹等等，都是能讓你的聽眾為你的發言加分，或是提

高對手對你發言重視程度的因素，並由此讓你真正地征服對手。

理直氣壯不單單是為了爭辯，我們和人正常交談時就應該保持自信、從容的姿態，說話時不要閃爍其詞，要盡量表現得落落大方，不要讓人感覺到你是不善於社交的人，更不要讓別人覺得你是個內向沉悶、膽小懦弱的人。無論自己是什麼身分，無論自己的話是不是能被人接受，都要勇於表達自己的觀點，要表現出敢說話、敢說出心裡話的氣勢。這就要求我們要足夠自信，說話時要表現得不卑不亢。

某公司部門最近準備裁員，希望精簡機構，提高辦事效率，同時在公司營運景氣不好的時候減少不必要的開支。其他的人選決定之後，最後一個名額要在胡傑和另外一個員工之間抉擇，這讓公司難以取捨。

胡傑為人善良，辦事踏實，沒有什麼花招，但是生性內向，不喜歡和別人打交道。在生人面前很少說話，在熟人面前話也不多，而且即便說話也總是把音量壓得很低，尤其是在主管面前，他更是沉默不語，害怕自己一開口就會說錯話。主管偶爾讓他提一提自己的意見和想法，他要麼搖搖頭表示無話可說，要麼就簡單應付幾句，說起話來就好像自己犯了錯一樣。其實，胡傑是一個很有想法的人，只是不懂得使用正確的表達方式，哪怕自己的想法有道理也不敢大聲表達出來。另一個員工在工作能力上比不上胡傑，但是他為人比較大膽，在社交方面更具備優勢，尤其是在當前特殊時刻，公司更加需要員工去聯繫業務。換句話說，在當前的形勢下，這位員工更加實用一些。

這兩個人各具優點，讓公司左右為難，於是公司決定讓兩個人比試一場，讓他們各自談一談對公司未來的發展情況。兩個人於是各自講述了自己的觀點，但是胡傑說得很淺薄，儘管觀點很有新意，但他表現得完全沒有什麼底氣，而對方卻鏗鏘有力，表現得非常自然，說得很有煽動性和說服力。公司讓他們爭辯的時候，胡傑完全被對方壓住了氣勢，根本沒有什麼信心，說話也支支吾吾、吞吞吐吐，最後被對手幾乎逼得沒有聲音了。兩相對比之下，高下立見。嚴格說來，胡傑的觀點也是正確的，而且在某些方面更具可行性，但是他的怯懦讓他說話有氣無力，在氣勢上完全處於下風，這顯然不符合公司的期望。

很多產業招工，都希望招到那些能談能說的人，無論是聯繫業務也好，還是增強同事之間的交流也罷，都是很有必要的。一個人說話就是要讓別人信服你，就是為了說服別人去接受你的觀點，如果連大聲說話的勇氣也沒有，自然也就無法讓別人相信你的能力。胡傑沒有強大的溝通能力，很難說服別人，甚至別人還會認為他這個人沒有主見，或者容易對自己的觀點產生動搖和懷疑。因為這些原因，公司原本傾向留下胡傑，但最終還是決定裁掉他。

有些人總是覺得自己只要一開口說話，就漏洞百出，只要一說話就會被別人辯駁下去，而只要別人一辯駁，自己就立刻放棄自己原有的觀點。這是一種自卑的表現，對自己的說話方式缺乏自信，當然這樣的人相對來說常常也是老實人。其實，錯與對並不是一個人說話的目的，我們只需要感受那種氛圍，需要適度發表自己的看法，並且每一個人都有說話的權利，都有表達觀點的權利。所以，不要「怕說話」。初入職場的年輕人，不僅要敢說，還要說得鏗鏘有力、擲地有聲，而且還要懂得堅持自己的觀點。只要自己有理有據，就大聲地說出來，不要輕易屈從別人的觀點。

相反地，如果對方的觀點有漏洞和不足，我們也可以善意地提出來，千萬不要懷疑自己的能力，也不要害怕自己說得不好。如果有必要的話，我們可以從容地闡述道理，如實指出對方的錯誤，然後大膽地給予修正，儘管姿態上要謙遜，但是內在一定要保持足夠的主動性，一定要讓對方覺得你確實是對的，而不是有針對性的惡意攻擊，這樣既不得罪於人，也能讓人心悅誠服。

想要融入別人的生活圈，想要讓別人接受你的觀點和想法，想要在社交圈上占據一席之地，你就要果斷地展示出自己說話的魅力，老實的話都不敢說是要不得的。一個說話聲音洪亮、氣場十足的人，輕易就能抓住別人的眼光，一開口就能震懾全場，輕易感染和說服別人。良好的談吐、淡定從容自信的姿態，能夠增加個人的魅力，所以總是更容易吸引別人。

▼ 2. 多和外向的人一起混

內向的人一般有以下特徵：害怕見到陌生人，害怕出現在公共場合；不愛說話，說話聲音很小；沒有主見，別人說什麼就是什麼；擔心別人會罵自己，想說的話不敢說，想做的事不敢去做；時刻都在刻意壓抑和約束自己的行為。內向的人往往有些封閉，有些不自信，但是他們並不比別人差，能力、口才、想法、理想和宏大的目標，這些他們都有，只不過他們比較老實，不善於表現和推銷自己，所以往往成功的機會沒有外向的人大。

其實，同樣是生活，同樣是追求理想，很多時候，性格能夠造成決定性的作用。性格封閉內向、辦事瞻前顧後的人往往缺乏自信，而且不善於社交，這樣的人即便能力出眾也可能會被埋沒掉。相反地，那些外向樂觀的人，那些勇於在人前表現自己的人更容易得到發展的機會，因為他們更懂得如何結交人緣，如何去證明自己，如何展示自己的能力，為自己爭取到更多發展的機會。

正因為外向的人更容易得到成功，我們也就更加需要接觸這樣的人。一方面，外向的人往往具備很廣的人脈，他們善於社交，而且沒有那麼多交友的規則和標準，自然就能夠接受各式各樣的朋友，能夠結識形形色色的人，這些人幾乎遍及社會的各行各業各個階層，所以等於說他們的人力資源可能遍布在社會的各個角落。你結識外向的人，就等於說結識了更多類型不一的人。汽車銷售大王喬·吉拉德（Joe Girard）有一條著名的250法則，即每個人都能夠認識250個人，他們是他的朋友、親人、同事、鄰居、客戶等等，結識了這一個人就可能同時接納另外250個人。相反地，如果你拒絕或者得罪了這一個人，也就可能拒絕和得罪了另外250個人。

你的社交圈很狹隘，人脈資源很少，支持和幫助你的人自然也就不多；而那些外向的人能夠彌補你在這方面的缺陷，依靠他們的能力，以及他們自身維繫著的人脈網路，你的風險就能夠被最大化的分攤和降低，而成功的機會卻可以最大化地提升起來。

說要多和外向的人接觸，另一個重要原因就是這樣可以彌補我們的經驗。內向的人因為封閉自卑，往往缺乏社交經驗，他們不懂得如何去融入別人的生活，不懂得如何更高效地完成自己的工作任務，不懂得如何擴展自己的發展道路，而這些恰恰是外向的人最擅長的。他們富有這方面的生活經驗，無論是社交還是應對困難，他們的手段相對來說要豐富得多，處理問題的方式也更快速有效。我們應該了解自己身上所欠缺的東西，要明白自己最需要什麼東西，如果也希望自己成為一個更活躍的社會人，那麼就要主動去向那些積極活躍的人取經，就要懂得去借鑑和吸收他們的處世經驗。

夏軍從小就生活在單親家庭裡，所以為人有些自卑，他不喜歡和朋友夥伴玩耍，連自己的鄰居也很少接觸。上學以後，他每次都是一個人上下學，偶爾有幾個朋友，也都是一些性格相似的孩子，幾個人在一起都是沉默寡言的時候居多。因為長久以來他都習慣了一個人生活，他的社交能力退化了，而隨著漸漸長大，他最終要進入社會，那時他的生存環境會完全不同，他需要接觸的人和事也更加複雜。所以現在，他的確需要更好地和別人相處在一起，需要學習更多為人處事的方法，必須更好地融入生活環境。

其實，在和別人接觸的過程中，夏軍也意識到了自身的缺陷，意識到自己在社交能力上的嚴重不足，而且也感受到了這些不足所帶來的影響。他為此很苦惱，不知道怎樣去適應和改變。為了讓兒子更好地融入社會生活，夏軍的父親提議他多去接觸那些性格開朗外向的同學和朋友，哪怕是調皮一些的也行。因為那些人更加懂得如何去和別人打交道，他們的人緣往往很好。父親相信只要夏軍能夠經常和外向的朋友待在一起，就能夠從對方身上學習到很多生活的技巧，就能夠改善現在自我封閉的狀態。

在父親的鼓勵之下，夏軍開始有意結交那些外向的人，雖然一開始他很不適應那些人的說話方式，而且在他們面前總是顯得畏畏縮縮，似乎雙方來自不同的世界。他擔心那些人會很調皮，會欺負人，但事實上並不如此，他發現其中的一些人學習成績雖不夠出色，但是為人很友好，也很善解人意。經過一段時間的接觸，夏軍開始主動和他們說話，人也變得開朗起來，而從這些外向的朋友身上，他漸漸懂得了如何才能更好地與人接觸和相處。

授人以魚，更要授人以漁，反之亦然，長期和外向的人相處，有助於我們觀察更多他們的生活方式。如此他們不僅可以為我們帶來豐富的人力資源，更重要的是我們能夠從他們那裡學到怎樣去獲得豐富的人力資源，怎樣去鍛鍊和培養自己的生存技巧。依靠這些經驗，我們就能夠有效地突破各種瓶頸，培養自信，提高生存技能，擴展社交圈，為自己創造更多更好的機會。

其實，每個人都有自己不同的活法，每個人都有自己的生活方式，我們不一定要遷就和效仿別人的生活。不過從生存的角度來說，外向的人的確更加懂得迎合時代的發展，迎合這個社會的發展主旋律。想要變得更加出色，變得更加自信，就要懂得去接觸那些更出色更自信的人，既然外向的人更容易成功，我們就要謙虛地去向他們學習，主動與他們打交道，而不要總是那麼老實，永遠都活在自己的生活空間裡面，被限制在自己固有的思維之中。生活就需要勇於突破，我們要時時刻刻學習並借鑑那些更好的東西，主動接納那些更好更有效的東西，只要對我們的生活有幫助，只要能夠提高自己的生存機率，我們都應該勇敢地去嘗試。

▼ 3. 人前放開一點，你又沒有做錯事

在很多場合中，我們都可以看到一些沉悶不說話的人，他們總是很難和周圍的人或周邊氛圍協調起來，總會讓人覺得他們在故意躲避別人，像個做錯事的孩子，辦事綁手綁腳。和這樣的「老實人」交往偶爾讓人生氣，因為雙方之間交流起來會有障礙，哪怕是他最親近的人，也永遠猜不透他究竟在想些什麼，想要的不敢說要，想做的又不敢去做，想說的又沉悶著不說，好的不敢說好的，壞的又從不說壞的，凡事都模稜兩可，沒有明確的表態。而且這種人永遠都沉默不語、扭扭捏捏，辦事不夠爽快俐落。也許他們不是什麼壞人，他們也很想把事情做好，很想結交朋友，很想成為群體中的一員，也有理想，有需求，有遠大的志向，可是因為他們畏首畏尾，不敢暢所欲言，一副老實謹慎的樣子，我們往往會誤解他們，甚至故意去排擠他們。

正因為存在誤解，那種放不開手腳的老實人很容易陷入人際交往的困境，而想要打破這些隔閡，打破這種困境，當事人就要懂得去主動改變自己的形象，主動去改變自己的交友方式。凡事都要大膽自信一些，要盡量放開手腳，和朋友在一起時要隨和，要努力和別人打成一片；和同事們討論時，要勇於提出自己的觀點；在公眾面前，要從容自然一些，要懂得去表現自己，展示自己的能力。

每一次聚會，錢峰都是被好友強逼著去參加，因為好友看他老是一個人待在家裡，似乎總是刻意迴避同事、同學、朋友一樣。錢峰沒有辦法，只能硬著頭皮前往。可是到了那裡他根本不知道該怎麼辦，站也不是坐也不是，別人都能夠敞開胸懷暢所欲言，吃飯聊天大大方方，表現得很自然，有些人還能時不時地開幾個玩笑，現場的氣氛很快就能被帶動起來，唯獨他一個人窩在角落裡，呆呆地看著周圍發生的一切，和現場的氣氛很不協調。

一大堆朋友你一言我一語的，很有氣氛，而錢峰卻很少說話，他害怕自己說不好會被人嘲笑，覺得自己說多了會有點炫耀和表現的意味。有朋友看到錢峰孤孤單單地坐在角落裡，就主動走過去和他打招呼，想聊聊天，可是錢峰總是顯得很拘謹。別人偶爾和他開開玩笑，他既不迎合也不反駁，只會紅著臉尷尬地笑笑，要麼就乾脆不停地摸著自己的頭。

大家吃完飯往往會相約去 KTV 唱歌，其實錢峰的歌喉還不錯，可是每次他都盡量拒絕拿麥克風，實在躲不過去，他就死死抓著麥克風不出聲，而一開口就可能緊張得不知道怎麼唱下去了，常常走音很嚴重。大家聽了後都笑成一團，這反而讓他更加尷尬，甚至更緊張。其實大家都是圖個高興，根本就不在乎他把歌唱成什麼樣。

別人每次都能玩得很盡興，唯有錢峰總是很苦惱，總想著散場趕緊離開。久而久之，他自己都感覺自己患上了社交恐懼症，只要一聽說有人要舉辦生日聚會，或者同學同事之間要聚餐，他就感到害怕，盡量想辦法推辭掉。因此，一些人覺得他很會擺架子、不愛理人，漸漸地，大家也就不再邀請他了，而雙方的關係也漸漸疏遠淡化了。

一個人之所以會在人前顯得拘束，往往是因為他不夠自信，而自信恰恰是一個人融入社會的重要保障，是展示自己的一張名片，是提升人格魅力的基石。無論是什麼人，無論是什麼時候，都要自信從容一些。言語要得體，不卑不亢；舉止要落落大方，不要綁手綁腳；眼神要自然堅定，不要四處游移；神態要從容，表情不要僵硬。你的言行舉止展示著你個人的魅力，所以你要懂得盡量展示出最完美最自信的自我。

自我展示是釋放魅力、吸引別人最好的方式，所以我們要勇於表現自己。當別人都在侃侃而談、談笑風生的時候，我們不應該總是窩在牆角裡充當一個沉悶的傾聽者，而是應該主動積極地和別人聊成一片，應該告訴自己，這是他們的舞臺，也是自己的舞臺，別人可以暢所欲言，自己同樣也可以。這個世界給了每個人展示的舞臺和機會，我們也要勇於在大家面前表現自我，要懂得發表自己的見解，不要總像是做錯事的孩子一樣，不敢說話，不敢表現，不要總害怕會出錯，即使真的做錯了什麼，也不要總放在心上，大大方方地承認並改正過來即可。

展示魅力有很多小技巧，一個眼神，一個微小的動作，都能夠彰顯一個人的性格魅力。而社交中最常用且最適用的往往是幽默，幽默能展現出一個人的社交能力，展示出一個人的修養和品味。幽默的人總能吸引別人的目光，成為全場的焦點，受人歡迎，因而他們通常也最具魅力。所以我們要懂得使用幽默，開玩笑，帶動氛圍，以更加輕鬆自然詼諧睿智的姿態去面對別人，展示出自己幽默有趣的一面。這樣一方面能表明自己是一個隨和的人，沒有架子，沒有脾氣，很容易與人相處，另一方面也可以表明自己很有自信。如此，我們就會被人看作是一個有氣場的人，能輕易抓住所有人的眼光，輕易帶動全場的氣氛，別人才會很容易因我們的表現而感到佩服，願意主動來接近我們。

當然，想要改變一個人的生活習慣，尤其是性格方面的東西，是需要一段時間的，我們需要逐步去改變，去接受。但改變的辦法其實很簡單，就是提高自己的免疫力。正因為我們缺乏自信，害怕在公共場合出現，不敢表現自己，我們就要反其道而行。而對此最有效最直接的辦法就是多參加社交活動，這樣既能結交更多的人，又可以得到很好的鍛鍊。尤其是那些性格內向、害怕出現在公眾場合而喜歡獨處的老實人，因為性格或生長環境的原因，他們很少願意去接觸外面的世界，很少主動和別人打交道，很封閉很羞澀。久了，他們就會更加害怕遇見陌生人，哪怕遇見熟人也會躲躲閃閃，有意迴避，所以他們更要主動換個環境去鍛鍊鍛鍊。平時多和朋友聊聊天，多接觸一些陌生的人和事，經常參加一些社交活動，去見識和體驗那種社交的氛圍，從而慢慢緩解自己的社交恐懼症。

我們是社會人，就應該努力融入到社會中去，就要放開手腳地去面對社會生活，沒有必要遮遮掩掩、畏畏縮縮。做人要大方從容一些，既然你不是壞人，也沒有做錯事情，那麼就不要總是表現出害怕的樣子；既然你並不比別人差，那麼就沒有必要在人前那麼自卑。你想做最真實的自己，想展示最真實的自己，就要盡可能表現得自然自信一些。

4. 人人都在以貌取人，改變就從「外貌」做起

某家新聞最近做了一項市場調查，結果發現將近一半的人相信只要改變自己的外貌外形，就可以改變自己的人生。這樣的調查結果多少讓人覺得人們的價值觀有問題，因為一直以來我們所提倡的成功要訣都是要有內在美、有硬實力、有真才實學，現在有那麼多的人關注起外貌來，證明人們的價值觀已經有了一點改變。且不論這種改變是好是壞，至少證明了這種改變正迎合了社會的改變。所以現在整容的人越來越多，奢侈品的消費也越來越大，大家都想著塑造一個更加光鮮亮麗、更有魅力的自我。

為此，我們的世界也漸漸出現了以貌取人的風潮，各種廣告中都頻繁出現俊男美女，各種應徵廣告都存在年齡、相貌或者性別的限制。毫無疑問地，那些更加年輕、更加漂亮的人更容易受到應徵公司的歡迎。各種漂亮的賽車寶貝，各種漂亮的公關，各種形式的美女行銷法，層出不窮，可以說這個時代就是一個以貌取人的時代。其實，以貌取人的觀念原本就已經深入人心，看到戴眼鏡的斯文人，我們會覺得他很有內涵，應該是知識分子一類的人物；看到那些滿身華服金飾的人，我們會認定他是個有錢人。以貌取人無處不在，只不過現在它變成了一種娛樂消費的文化，你忽視這一點，還老實地固守著原來的那一套，很可能就會被自己的外貌所拖累。

小妍是一個聰明能幹的女大學生，在學校的時候，她的成績就非常出眾，常常成為別人談論的焦點。而成為談論焦點的還有她的穿著打扮，因為小妍根本不像其他女生那樣喜歡穿得花枝招展，她的裝扮非常樸素，沒有什麼化妝品，沒有什麼特別有色彩的衣服，也沒有什麼首飾。其實小妍的家庭條件並不算拮据，不過她的確不是很注重自己的形象，她覺得一個人只要穿的樸素乾淨就行了，至於那些豔麗的裝扮根本就沒有什麼必要。這種想法當然和她的學習有關，她天天刻苦學習，根本就沒有時間像其他人一樣天天照鏡子，天天換新衣服，她認為那只會浪費時間。

畢業之後，小妍開始憧憬著美好的職場生活，可是令她失望的是，自己的前幾次面試竟然都被人刷了下來。這讓她很傷心，因為她一直以來就很優秀，無論是家長，還是老師和同學，在他們眼中，她就是一個很有能力的人，可是現在的情況簡直讓她對自己有些懷疑了。她自認為並不比別人差，難道別人就不懂得欣賞人才嗎？又或者是自己面試的職位太高了？無論如何，這樣的結果都讓她難以釋懷，她還從沒有經歷過這樣接二連三的失敗，更沒有過這樣的挫敗感。

不過她並不打算放棄，她覺得自己一定會得到別人的認可的。有一次，她再次去一家公司面試，面試官上下打量了她幾眼，就連連搖頭，小妍覺得很失落。不過這一次她大膽地問面試官：「為什麼你們覺得我不行呢？要知道這樣看一個人根本看不出什麼啊！」面試官也沒想到小妍會如此貿然地問這樣一個不禮貌的問題，不過為了保持風度，他還是微笑著做了簡單的解釋：「妳的穿著不符合我們的要求，因為太隨便了，妳不夠重視自己的形象，如果成為公司員工難免會對公司的形象造成不好的影響，尤其是一些重要的職位及在重要的場合。」

這下小妍徹底弄明白了，原來自己面試屢次失敗的罪魁禍首是服裝，恰恰是自己一直以來都在忽視的穿著打扮。想到這裡，小妍覺得很委屈。

隨著生活條件的提高、生活壓力和競爭壓力的增加，我們每個人都開始注重將自己打造成精品，都願意花費時間和金錢來做好門面功夫，樸素已不合時宜。若你沒注意到這些，總是任何場合都一律「樸素」示人，就有被標上「保守」、「落後」等一系列標籤的危險，而這種「第一印象」如何能讓你占到風頭，得到好的機會呢？所以你想要讓自己變得更有內涵些，除了補充精神營養，也要在外觀上讓自己變得更加年輕、更加時尚、更加有活力才行。

這裡，也要提醒一些朋友，不要固執地認為注重外表就是流於輕浮、無知，會掩蓋自己的內在品質。其實，恰恰相反，在當今這個時代，人的外在包裝往往正是個人品味、審美能力的一種展現。懂得怎樣打扮自己的人，往往更能認清自己的優缺點，走出去，才能以最好的形象來為自己的整體魅力加分。

所以，改變自己的「老實」，勢必要從「外貌」上做起。

服裝。你的櫃子裡是否沒有什麼衣服，你經常一件衣服穿上好幾年？你是否從不在意自己穿什麼，一直覺得把錢花在服裝上很冤枉很浪費？如果真的不幸言中了，那麼你就要趕緊改變自己的這個狀態和意識。其實穿著和我們的社交、工作都息息相關，穿著得體的人，往往更容易融入社會群體，而那些不修邊幅，不在乎穿著的人總給人一種很隨意，對自己沒有高要求的感覺，有時就會因此被人孤立。

懂得搭配。你是否從來不擦鞋油，也不懂得自己最適合穿什麼？你是否從來不知道哪種場合適合穿哪種衣服？如果是，那你就要懂得著裝搭配。鞋子往往能襯托出你的品味，不同的顏色又能反映出你的性格，得體的裝扮能展現你的品味和眼光。總之穿著是一門大學問，而不僅僅是為了展示自己的美麗，只是為了滿足虛榮心。好的穿著打扮，能提升個人的形象，尤其是公眾場合，你得體、別緻的衣著會使你成為萬眾矚目的焦點。

飾品。除了正裝上要有品味，各種輔助的飾件也是必不可少的。耳環、項鍊、手鍊、手鐲、戒指、手提包，這些東西也能增加你的魅力。它們不一定都是奢侈品，其實簡單實用就好，有時候一條好看的項鍊就足以吸引別人的眼球，一枚精緻的戒指又能展現出你的生活狀態，一個手提包能襯托出你非同一般的氣質。

香水。男人和女人都需要香水，儘管在傳統思維束縛下，香水並沒有真正普及，但是它的功效不可忽視。喜歡噴灑香水的人往往會被認為是有生活追求的人，是懂得品味生活的人，這是一種有內涵的表現。而且香水的香味也會在一定程度上吸引別人，帶給別人愉悅的享受。

除了這些裝扮，個人的生理狀態也要盡量調整好、保養好。鬍子要及時刮，而且要刮乾淨；面部要保持乾淨，可以做一些皮膚護理；牙齒要整齊潔白；髮型要得體；指甲要按時修剪。

也許很多人會說，那些整容或者喜歡打扮自己的人，是出於對自己相貌和形象的不自信，一些人甚至是因為自卑。也許是如此，但也許不是，至少從結果來看，那些更漂亮的人常常比一般人會表現得更加自信一些，無論這種美是透過何種方式得來的，而且這個社會往往也不會在乎。所以我們要改變固有的思維，別老那麼「老實」，既然整個社會都在以貌取人，那麼我們不妨就順應潮流，盡量展示自己的外貌和形象，盡量完善和提升自己的外部形象，努力提升自己的魅力。

5. 做好你自己，別太在意別人怎麼看你

有位短跑名將在一次重要的比賽中竟然只跑出第六名的平庸成績，結果場地內噓聲四起。這時有位喜歡多事的記者在賽後去採訪這位選手：「請問你在跑出如此難看的比賽成績後，將如何面對那些支持你的觀眾？」這位選手從容不迫地回答說：「我沒有必要為這樣的結果耿耿於懷，我也不在意別人怎麼看我，總之我盡力了，自認對得起所有的人。」

很多時候，我們失敗了，之所以會痛苦，往往並不是因為遺憾自己取得的結果，而是害怕這個結果所帶來的輿論攻擊。那些期待者，那些競爭對手，那些無所事事的圍觀者和觀眾，我們太在意他們在背後評論我們。

你越是在意別人的看法，就越是有心理包袱，就越容易失敗，而失敗又會反過來增加你的壓力，結果就會形成一種惡性循環。多數時候，我們都活在別人的評價和期待之中，別人認為我們好，我們就很高興，別人批評我們，我們就悶悶不樂；別人讚同的，我們就去做，別人不贊成的，我們就堅決反對。我們時刻都在顧及別人的感受，都在為別人的喜怒哀樂而活，卻從來不曾真正為自己而活，可能對別人負責了，但是卻從來不懂得對自己負責。

柳媛媛一直以來都是家裡的乖乖女，非常聽話，也非常孝順；在外面，她則是一個善解人意的好女孩，通情達理，而且凡事都懂得為別人考慮。正因為如此，她無論做什麼都特別在乎別人的感受，也都要事先問一問別人的想法，只有徵得別人的同意，她才敢動手做事。她覺得只有事事考慮別人的感受，才能更好地被別人接受。久而久之，她變得非常在意別人怎麼看待自己，人也變得敏感起來，只要有人覺得她做得不夠好，她就覺得難受，就想要盡可能地改正過來。

真正地問題在於，她這樣做往往忽視掉了自己的感受，也間接地導致自己辦事常常猶豫不決，或者是做不了主。很多時候，她遇事根本拿不定主意，總是習慣性地等著別人告訴她怎樣去做。即便去做了，她也沒有一個主張沒有一個標準，總是會多想，擔心有人對此不滿意，擔心自己做錯了事情。她處處為別人著想，處處在乎別人的感受，卻從來沒想過怎樣做一個有個性、有主見的自我。

其實，她原來有很多生活想法，想過去學肚皮舞，她覺得跳肚皮舞很美，而且她的一些朋友也在學，可是跳這種舞蹈要露肚子，她又想這樣難免會招來別人的閒言碎語。有一次，她看到鋼管舞在國外很流行，也想去學，但是又擔心別人誤解她接觸一些不正經的東西。上學的時候，她想過去學聲樂，因為先天條件好，她的嗓音很出色，可是她又擔心別人會認為她不讀書卻去想一些無關緊要的東西。她曾經喜歡過一個男生，那個男生表面上壞壞的，還剃著一個光頭，其實他為人很善良，可是她覺得家人一定會反對，所以不敢繼續交往下去。正因為時時刻刻都在關注別人對自己的看法，她最終什麼理想也沒有達成，反而活得很累很痛苦。

總是太在意他人如何看待自己的人，就表明他很死心眼，老實得有些迂腐。這樣的人常活得很累，因為他的生活中一直有別人的存在，他一直老老實實地關注著別人對他的評價，他的情緒裡總會充斥著擔憂和顧慮。

如果你想要活得更加輕鬆、更加快樂，你就要懂得為自己而活，不要太在意別人的看法，不要被別人的想法牽著走，你就是你，你只管做自己想做且喜歡做的事情就好了。在這個世上，有人愛你，就有人恨你，有人為你鼓掌，就有人對你報以噓聲，這是再正常不過的，你根本沒有辦法讓所有人都稱心如意。至於別人怎麼看你，如何評價你，那並不是你所能改變得了的，那是別人的事，你自己只需要顧好自己。只要問心無愧，無論外人怎麼說，你都不必太過在意，在意也解決不了問題，不如一心按照自己的原則做事，按照自己的意願生活。

我們不要輕易就被外事外物干擾，做人要保持一顆平常心，凡事要淡定一些，成功了不過如此，失敗了也不過如此，古人范仲淹說「不以物喜，不以己悲」也不過就是這個意思。你自己不去關注了，當然就不會在乎別人會不會關注；你自己不去發表看法，就不會在乎別人到底如何看待這些問題。所以你太在意別人怎麼看你，問題就在於你太過執著，愛關注別人的看法，太看重太在乎成敗得失和人生榮辱。如果你能夠放下那些是非、成敗、得失，能夠做到心平氣和，那麼無論你得到了什麼或失去了什麼，你的心情都不會受到太大的影響，你就不會在乎別人的評價了。

另外，一個人之所以容易受他人影響，其實最大的問題往往是因為他沒有主見，缺乏獨立能力，而且缺乏自信。所以要學會自己獨立自己做主，只要認定的事情，就要堅定自己的意志，不要總是生活在別人的期望之中，別人的意見可以作為參考，但是不要讓它左右自己的判斷。只有學著自己做主，只有懂得自己做出抉擇，自己才能夠培養出更加獨立的意識，才會更加自信。至於成功或者失敗，暫且不用去管，如此也才能免受他人的影響，才能讓自己不那麼在意別人對自己的看法。

我們都生活在同一個世界上，人與人之間的關係相互交錯，所以我們的一舉一動都可能會影響到別人，我們在創造自己生活的同時，也要顧及他人的感受。但是這並不意味著我們要因此活在別人的價值觀裡。我們要獨立自主，要能夠及時從別人的看法中超脫。有人關心你愛你，你可以表示感激，因為他們在鼓勵你前進，但你不能因為這份關心而背負沉重的心理負擔。有人恨你批評你，你也要表示感激，因為他們在督促你前進，但你不要因此而覺得自己一無是處。

你的生活是你自己的，成功的喜悅、失敗的落寞全都是你自己的，因此不要總是覺得該給別人一個交代，你的人生不用向任何人交代。每一個人的人生都要靠自己來決定，別人不應該也不能幫你決定什麼。你圍繞著別人的生活轉，看著別人的臉色行事，渴望得到別人的讚揚，害怕聽到批評和異議，實際上是自我人格的抹殺。別人的想法和情緒，你沒有辦法去控制，別人的慾望和需求，你也沒法全部去滿足，你只需要做好自己，控制好自己的生活，至於外面發生的一切，且隨他去吧！

▼ 6. 做事別太急，老馬也會失前蹄

有句話叫「行百里者半於九十」，意思是說走一百里的路，走完九十里才算走了一半。因為越是到最後，人的耐心就越是不足，越是著急，越是想要成功，這樣就很容易出錯，所以往往很多人走了九十里就再也走不下去了。

耐心是一個人得以成功的重要保證，有耐心的人都善於等待機會，能抓住最有利的時機。儘管這是一個潛伏的過程，可能很枯燥很乏味，很容易讓人煩躁不安，但是他知道一旦盲目出手就很有可能前功盡棄、一無所獲，所以他懂得克制自己的情緒，穩定自己的心境，一直堅持守候下去，直至成功。

事實上，每做一件事都有一個過程，都有一個程序，省略那些基本的工作步驟是不行的。你急於立功，想要快點完成任務，想要兩步併一步走，就很容易摔倒。心急吃不了熱豆腐，欲速則不達，越是急功近利，越是想要達成目標，就越容易發生差錯。成功沒有任何捷徑可言，妄想著一下子就到達頂峰，這顯然很不現實。追求快速當然可以節省時間，但是快速也要講求效果，一味求快而忽視辦事效果，只會越快越亂，越錯越多。因為速度加快，一些細節就可能被忽略，品質也得不到足夠的保證。另外

失去耐心，人就會急躁，很容易不夠理智，思考不夠全面，結果就會出現錯誤的判斷。

所以，無論做什麼，我們都要「老實」一些，踏踏實實地去做，拿出等得起的精神，耐得住寂寞，不能因為長時間沒有結果、因為一時求快，就胡來亂來，結果使自己走上錯誤的道路，凡事一點點做，一點點去累計，才能成功。就像湯瑪斯·阿爾瓦·愛迪生（Thomas Alva Edison）花掉了好幾年時間，試驗了上千種材料才做出燈泡，如果沒有耐心和耐力，他只怕早就放棄和失敗了。有關說明耐心很重要的例子其實有很多。

安師傅是某機械裝置加工廠裡的老師傅，有著三十多年的焊接經驗，可以說是廠房裡面資格最老的焊接師傅了。他的焊接技術非常嫻熟，曾經在全市技術焊接比賽中拿過大獎，堪稱工廠裡面的王牌焊接師傅。還有一點就是安師傅辦事不喜歡拖拖拉拉，只要接收到任務，他總是能夠在最快的時間內完成，正因為如此，廠長才對他百般信賴。不過正所謂「成也蕭何，敗也蕭何」，安師傅的認真往往會變成急性子，就是這急性子在一次失誤中毀掉了他的工作生涯。

有一次，工廠接到大批訂單，客戶是一家大型機械製造公司，實力非常雄厚，所以廠長特別珍惜這次合作機會，希望以此為建立雙方長久合作關係的契機。為了盡可能地保證品質，工廠選用精銳人才，而安師傅自然成了銲接方面的不二人選。安師傅認為既然要在客戶面前樹立起良好的企業形象和口碑，那麼企業就不僅要在品質上做好保障，而且在效率上也要有保證，提高交貨的速度，這樣別人才會更希望和自己合作。

安師傅帶領自己的團隊日夜趕工，依靠嫻熟的技藝，明顯提高了工作速度，結果在原本就緊巴巴的交貨時間提前兩天完成了任務。廠長聽了非常高興，於是就通知客戶派人驗收。結果對方在這批貨物中檢查到了一些問題，有些銲接明顯不牢固，還有一些產品竟然銲接反了。客戶看到貨物存在明顯的品質問題，非常不滿，於是要求工廠重新加工。這無疑在雙方的合作蒙上了一層陰影，廠長一下子就面臨很大的壓力，他原本以為由安師傅掌控，應該沒有什麼問題，可是現在卻捅出了這麼大的簍子。左思右想之後，他決定換另外一批人來重新銲接。至於安師傅，他也很懊惱自己的急性子，出了差錯後，他也覺得自己沒有臉面再留在廠裡了，不久後就提出了辭職。

很多時候，我們把結果看得太重，太在乎自己能否獲得成功，所以會不自覺地給自己製造很大的壓力，而當這種壓力累積到一定階段和程度時，就會對我們產生負面的影響，促使我們做出一些有違常規的事情。比如盲目求快，比如只顧想著如何走捷徑而不踏踏實實地工作，這樣一來，就可能因此改變原有的工作計畫和奮鬥方式，結果只會讓事情變得更加複雜，只會讓成功來得更晚。

顯然，無論在何種情況下，都要認真對待工作。也許你很有經驗、很有能力，自認為對業務熟得不能再熟了，覺得自己完全可以更加快速地完成工作，但是熟能生巧，也能麻痺自己。因為你自認為是老鳥，太過於相信自己，覺得自己能夠掌控一切，就容易不自覺地將那些風險防禦等級降下來，而放鬆對工作的警惕，只一味求速度，問題往往就會因此出現。殊不知老虎也會有打盹的時候，一旦你覺得沒有問題，一旦你覺得自己無論怎樣都可以順利完工，你的麻痺大意可能就會讓你付出意想不到的代價。所以無論是新人還是老鳥的專業人員，都要態度端正，認真對待每一份工作，把每一次工作都當成自己第一次做，千萬不能過於自信而大意疏忽。

都說慢工出細活，好事需要多磨，不要總是一心想著如何跳過那些繁瑣枯燥的步驟，想要更直接更快速地到達成功的彼岸。成功需要有個過程，人要「老實」，做事要踏實，不能急躁；要實在，不能太功利；要穩重，不能太激進。這個社會的節奏越來越快，也意味著人心越來越浮躁，若總是盲目求快，只會讓問題不斷出現。正因為如此，我們要適當降一降速度，做事不要太急，只有適當慢下來，自己才能沉靜下來，才能讓工作生活更有效率。

7. 樹大招風，看透風光的背後

人人都有夢想，想成為有錢人，成為大官，成為出色的科學家，成為人人敬仰的大師，成為星光璀璨的明星，成為人人關注的美人……等等。我們的夢想無一例外地都是想成為社會上第一流的人才，想成為高高在上光芒四射的人，很少有人會想著當一個平凡人，更沒有人會說自己的夢想是當一個低人一等的下層人物。

我們總是幻想得到那些最美好的，幻想著成為那些最美好的，因為我們一直覺得那樣的生活一定很刺激，很有成就感和滿足感。比如，我們總是羨慕那些身居要職、身處高位的人，認為他們要風得風要雨得雨，認為他們每一天都活在這個世界的舞臺正中央，成為人人關注的焦點。殊不知，那些位高權重、有名望有身分的大人物其實並不像我們想像中的那樣幸福，風光的背後也隱藏著巨大的無奈和隱患。因為樹大招風，因為槍打出頭鳥，因為「木秀於林，風必摧之；堆出於岸，流必湍之；行高於人，眾必非之」。所以在同一個群體中，人們通常都容不得有人太過出頭，如果有人明顯比其他人更加出色，那麼他很快就會招致大家的嫉妒和攻擊。

因為一次就獲得了兩項生產專利，劉威志一下子成為了市區裡的紅人，一時之間風光無限，成為了所有人眼中的焦點人物。尤其是當他出現在市表彰大會上時，幾乎所有的攝影鏡頭都對準了他。而且劉威志帥氣、為人大方、談吐優雅，在鏡頭前表現得很有魅力。大家都認為做人就應該像劉威志一樣，人長得很漂亮，家庭背景好，能力也很突出，事業有成，是典型的智慧型高富帥。他們覺得這樣的人就是幸福男人的標準，像他那樣的生活簡直就是幸福生活的模板。

幾乎所有的輿論都表達出敬佩、羨慕之情，幾乎所有的人都覺得劉威志是世界上最幸福開心的人，就連他自己也一度認為這樣的生活的確讓人神往。但是經過一段時間以後，他漸漸發現自己其實並沒有想像中的那樣幸福開心，自己的成功並沒有真正帶給自己多少快樂。表面上雖然風風光光，可是私底下他的生活卻有諸多煩惱。他發現自從自己成名之後，原先那些好朋友漸漸不再和他交往，平時偶爾見個面，他都能明顯感覺出對方有意逃避自己。他根本想不明白這到底是為什麼，明明以前他們之間的關係可是很要好的。他想不至於現在自己出了名，他們就把自己當外人看待吧。

至於其他人，他的鄰居、同事，還有其他素不相識的陌生人，表面上大家都對他恭恭敬敬，見了面也會客客氣氣地打招呼，但是私底下卻往往對他心生嫉妒，都覺得劉威志一個人風頭出盡，該接受一點懲罰才對。他們巴不得他犯點什麼錯誤，巴不得他面臨很大的失敗。其中一些人還在暗地裡動手腳，散播謠言，說劉威志曾經抄襲別人的東西，實際上是竊取了別人的專利，還有人認為他的專利其實是靠錢買下來的。這些不實的消息讓劉威志非常困惑，他無力去辯解，也不想去辯解什麼，只是漸漸領悟了一句話：做人難，做名人更難。

這就是現實，人越是出眾，就越是會被別人嫉妒和攻擊，哪怕什麼脫序的行為都沒有。如果自己是高高在上、能力出眾的人還肆無忌憚地在人前賣弄和展示，過於張揚，不知道應更加謹慎收斂一些，那麼就很可能會引火上身。所以，很多時候，做人不要總是老實地認為，身正不怕影子歪，要知道，別人眼紅時，可不會管那麼多。自己優秀也要懂得怎麼做才合適，才能有效地保護自己。

要謹言慎行。不能說你比別人級別更高、能力更出眾，就更有發言權，就可以隨便說隨便做。你越是成為別人眼中的焦點，就越是要懂得掌握好說話做事的尺度，就越是要管好自己的行為，不該說的就要少說或者是不說，不適宜去做的盡量少做不做，要懂得降低別人對自己的關注度，懂得減少別人對自己的敵意。

要謙虛待人，要放低自己的身分。人越是有地位就越是要謙卑待人，對待別人不要總是高高在上、愛理不理的樣子，這樣只會讓別人更加討厭你。相反地，你如果能夠降低自己的身分，放下架子，和那些能力不如自己的人溝通交流，就會使自己的形象得到改觀。你對人恭恭敬敬，態度謙和，別人才願意放下成見和你交談，才願意消除對你的敵意和戒心，才願意信任和尊重你。

要善於偽裝和示弱。你很強大，但並不意味著你可以無所顧忌，別人一旦覺得你的存在打破了平衡，甚至威脅到他們的生存時，就會想辦法來除掉你這個眼中釘。所以強者要懂得適度偽裝自己，要盡量把自己偽裝成一個弱小的角色，主動磨平身上的稜角，盡量讓別人覺得你只是一個微不足道的人物，沒有任何威脅。適度示弱是人生存的一個重要技巧和手段，當你變得弱小時，就不再會成為大家攻擊的焦點，你的生活也就相對安全了。所以，想要成為人上人，就要懂得讓自己先低人一等，想要成為真正的強者，就要先學會示弱。

凡事退讓一步，不要與人強爭，更不可恃強凌弱。這個世界的法則就是弱肉強食，也只有強者才能生存下去，所以每個人都在爭都在搶，都在為自己的人生開闢新道路。有競爭性、有競爭能力固然是好事，這個世界需要競爭，但是這種爭不一定非得是明明白白的作對，很多時候不爭之爭才是上上之策。不要覺得自己比其他人更有能力和實力，就用不著讓步和害怕，須知牆倒眾人推，做人還是要謹慎一些。有些東西能讓則讓，有時讓的價值還會比取的價值更大，你一味咄咄逼人，恃強凌弱，最後只會讓自己處在更危險的境地。如果後退一步讓開了，反而會讓別人覺得你很有度量。

要生存，要過得好，自己固然要有實力，但是也要懂得一些技巧，小心謹慎一些，偶爾隱藏一下自己，就能夠免去許多不必要的麻煩，凡事能看開看透一些，就不會讓自己成為眾矢之的。

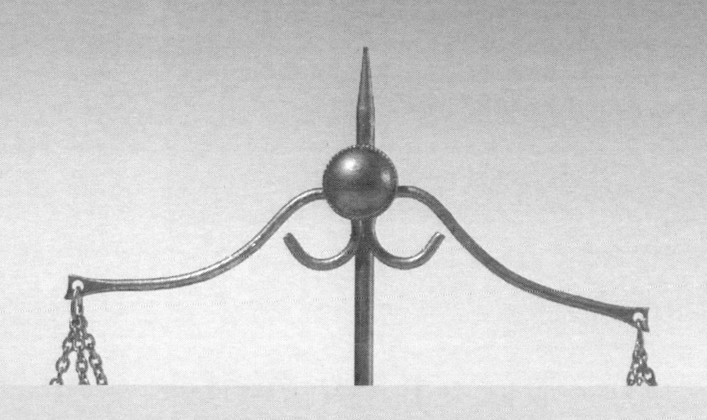

第五章

說話別太直率，也別太不實在

1. 真話別逢人就說，事先要考慮後果

魯迅先生講過一個故事，說是有個大戶人家生了孩子，全家都高高興興的，很多人都前來道賀，盡說些喜慶的好話。而其中一個老實人卻當眾說了一句老實話：「這孩子將來是要死的。」結果他被主人轟了出去。按道理說，這人根本沒有說錯什麼，只要是個人就一定會死，這是實實在在的，比那些長命百歲要實際得多、真實得多。但是在那樣的場合，這話肯定很刺耳，明知是句大實話，也不會讓人開心，所以那個老實人被主人轟走也就是必然的了。

可見，並不是什麼真話都可以說的，也並不是隨便對什麼人都可以說真話的，並不是什麼地方都適合講真話，也並不是所有人都喜歡聽真話。老實人想要說些真話，也要看對場合，也要分清對象。有些人需要你去奉承他，他聽不得不入耳的話，聽不得批評；有些人喜歡報喜不報憂，你說了不好的消息反而會惹怒他；有些人是急性子，脾氣暴躁，你最好還是委婉一些，說話方式適當做一些改變；有些人身患絕症，氣息奄奄，你要懂得說一些善意的謊言。

所以說面對不同的場合不同的人，我們要懂得隨機應變，不能死板地相信說真話的一定是好人，說真話一定是好事。說話也是一門藝術，什麼

時候可以說真話，什麼時候不能說真話，什麼人面前可以說真話，什麼人面前不能說真話，這些都是有講究的，一味地逢人就說真話，往往會適得其反。

小王原是某機械生產製造公司的一名普通員工，因為工作特別賣力，認真負責，暗地裡從來不搞一些小動作，深得老闆的信任，所以老闆決定提升他的職位，讓他擔任品管部門的經理，專門負責監督管理公司產品的品質，為品質嚴格把關。有鑒於公司的產品一直以來就存在很多品質問題，各個部門相互推諉，而品管部門的工作人員又和生產部門彼此勾結，經常偷工減料，老闆就決定讓正直的小王去管理，希望這樣可以改變一下那裡的歪風，也能夠把品質拉上來。小王原本就很感激老闆的關照和賞識，現在又覺得老闆和整個公司對自己有知遇之恩，所以他辦事態度比以前更加認真負責，任何一個小細節都不放過。果然公司產品的品質有了很大的提升，不良品的數量越來越少。

當然原先的問題因為積習太深，一時之間難以改正過來，所以還是存在許多問題，小王絲毫不敢懈怠。有一次，公司召開股東大會，要總結並探討一下公司近來的發展情況。老闆於是讓小王上臺去作報告，將公司近來的產品品質情況彙報一下，尤其是最近的成績，更應該好好彙報。其實老闆的弦外之音就是讓小王盡量往好的方面說，這樣他才能對各個股東有更好的交代。可是小王為人太正直了，他認為只有說真話講真事才對得起老闆，才對得起公司的培養，所以他認認真真、仔仔細細地將產品品質的情況說了一遍，將那些可喜的變化和成績說了一遍。不過他並沒有就此打住，而是連帶把那些存在的問題一併作了彙報。其實其中的一些問題大家都知道，一些人對此只是諱莫如深，誰也不敢當著老闆的面說出來，都睜一隻眼閉一隻眼。但是小王沒有想那麼多，一口氣全揭露了出來，而且還提了不少有用的建議。臺下的股東們聽到這樣透澈的分析後，連連點頭，忍不住給予陣陣掌聲。可是老闆的臉色卻越來越陰沉，很顯然小王說了太多的真話，說了許多不該說的真話，公司存在那麼多的問題，最拉不下臉來的自然是他。

第二天，小王一上班就接到通知，公司已經決定將他開除。而此時，他還蒙在鼓裡，不知道自己究竟做錯了什麼。他找老闆想問問清楚，結果老闆故意避而不見，根本沒有給他任何辯解的機會，他只能滿腹委屈地離開。

可以說小王被辭掉完全是咎由自取，絲毫沒有什麼冤枉的。因為他只知道說真話是在做好人做好事，卻不明白好人好事有時候會導致壞結果。其實，像小王這樣的人很多，他們的遭遇或許值得我們同情，但更值得我們去反思。真話不能隨便什麼時候都說，更不能隨便對任何人說，說真話一定要堅持幾個原則。

第一，要保證在不傷害對方的前提下說真話。說真話是真誠的表現，說真話的初衷往往是好的，我們不希望他人被蒙在鼓裡，不希望凡事總是遮遮掩掩，不希望真相被埋沒。可是真相往往容易傷害到別人，並不是所有的真相都是皆大歡喜的，你說了別人不愛聽的話、不想聽的話、讓別人受傷的話，都會造成不良的影響，都會將自己推入尷尬的境地。所以如果你說真話會傷到別人，那麼還是盡量少說或者不要說為好。

第二，要保證別人沒有歹念的情況下說真話。很多時候，說真話會暴露那些隱密的訊息，很多沒良心的人也會利用真話做一些違反道德違反法律的事，這樣一來你說出的真話很可能會被壞人利用，你可能會成為另一個犯錯者。所以，如果有人不懷好意，那麼我們就要懂得守口如瓶。很多時候不要和陌生人講真話，更不能輕易透露給他們一些重要資訊。做人要機警一些，凡事多留一個心眼，逢人只說三分話，未可全拋一片心，不能把所有的真話都說出去，有時既然真話可能傷人傷己，那麼就還不如不說。

都說好人難做，真話難說，這話不假。不要認為說真話就一定能夠得到別人的認同，就一定會得到大家的讚賞，說真話也有負擔，也會有風險。你傷害了別人的自尊，丟了別人的面子，觸到了別人的痛處，揭穿了別人的隱私，那麼無論你多麼真誠老實，對方都會覺得你只是故意在搗亂，使他們在人前出醜，自然他們也就不會輕易放過你。

總之，說真話要掌握分寸，要注意場合，要懂得察言觀色，抓住人心。你不要總是老實地把問題看得太簡單太膚淺，千篇一律地認為自己好心一片就不成問題，要知道好心偶爾也會辦壞事，好心人有時也會成為人人喊打的壞人。所以，你要懂得具體情況具體對待，有時候可以說真話，有時候真話不可以說。

2. 嘴上留個情，腳下多條路

我們喜歡把那些說話刁鑽、得理不饒人的人，稱作「毒舌婦」。所謂「毒舌婦」，就是說話的人只顧自己的道理和面子，由著自己的性子來，不講客套，更不講情面，說話刁鑽刻薄，自己認為是什麼就是什麼，自己想說什麼就說什麼，想怎麼說就怎麼說，常常把別人損得體無完膚。不過「毒舌婦」在嚴格意義上來說並不都是壞人，有的也許是為了譁眾取寵，也許是為了證明自己有能力，也許是為了享受損人的快感，就像現如今某些娛樂節目的主持人和嘉賓那樣。

但是，即便是這樣，很多人也會因為這種人從來不真正顧及到別人的感受而覺得這種人很討厭，覺得他們沒有什麼修養。所以很多時候這種人就算很能說，說得讓別人毫無招架之力，別人照樣不會接受。說話要有分寸，要「老實」一些，即我們常說的說話要留一點口德，不能把話說得太難聽，更不能把話說得太絕，一切都要掌握好分寸。

何豔是某超市的員工，為人積極樂觀，只是脾氣不太好，說話常常不經大腦，想到什麼就說什麼，根本不知道轉彎，常得罪別人。尤其是在和別人發生爭吵的時候，她的嘴巴又尖又利，常常得理不饒人，而且把話說得很難聽，大家幫她取了一個「剪刀口」的綽號。超市的經理和員工也勸過她，說話要知道輕重，要嘴下留情，尤其是對待顧客，更要拿出真誠友善的態度，哪怕被別人說幾句，也不要大動肝火。不過何豔嘴上雖答應著，行為上卻一直沒改過來。

有一次，她去超市門口拿東西，結果剛出大門口就被人狠狠撞倒在地，對方連忙扶她起來，然後說了句對不起，就立刻離開了。何豔看見對方就這樣走掉了，完全當成沒事一樣，心裡非常惱火，於是快速地追了上去，拉住剛才撞倒自己的那位男子，非要討一個說法。男子看了看手錶，明顯是在趕時間，於是就又說了聲「對不起」。何豔卻不依不撓，她生氣地對男子說：「一句對不起就可以當什麼事都沒發生嗎？那我也撞你試試。」

男子很驚訝地看著她，很無奈地說：「我都已經說了對不起了，還要怎樣？再說了，我也不是故意的，你說話不要那麼難聽。」聽到男子這樣說自己，何豔一下子就更有氣了，於是抓住對方的衣服大聲說：「我說話難聽？好啊！今天我就不講道理了，怎麼樣，你撞了人還能這麼囂張？」

看到何豔這樣死死糾纏，男子沒有辦法，他看見何豔身上穿著工作服，於是就說：「這次是我撞了你，就算是我錯了，行嗎？那你們這開門做生意的，總得拿出點好態度對待我們這些顧客吧！」何豔卻直接來了一句：「對不起，我們這裡根本不歡迎你這樣的顧客。」接著，兩個人你一言我一語就吵了起來。這時候超市的經理聞聲從裡面走了出來，立刻訓斥了何豔，而且經理還對那位男子恭恭敬敬的。這時，何豔才知道原來眼前的男子正是超市的合作夥伴，他這次趕過來是為了洽談合作細節的，結果卻被自己攪和了。何豔後悔萬分但為時已晚，第二天，經理就將她開除了。

說話往往能展現一個人的素養，會說話的人往往很有內涵，很有風度，而那些不會說話的人很容易給人一種道德低下的感覺。很多時候，我們與人爭辯，就會把爭辯當成爭吵，就會不自覺地要比一比嗓門，有時候說急了甚至會罵人，這樣一來雙方的對話就沒有任何意義可言了。我們不能因為意見不合、立場不一致，就實施人身攻擊和人格侮辱，不能因為無法說服別人就大喊大叫大吵大鬧。說話要有水準，要有度量，一定要具備一定的道德修養，這是最基本的原則。和人大吵大鬧，只會把雙方的關係搞得更僵，只會讓雙方之間交流溝通的路被堵死。

公說公有理，婆說婆有理，這是很常見的現象，不能靠爭吵和辱罵來解決。一個人要懂得克制自己的情緒，與人爭辯時，要懂得退讓一步。你率先做出讓步，別人也會覺得不好意思，這樣雙方就會冷靜下來，也才能夠更和氣更冷靜地相互分析問題。這樣實際上為下次的對話創造了條件，保留了解決問題的餘地。

有時，我們之所以會和別人發生爭執，原因就在於我們總認為自己是對的，而對方則是錯誤的，我們就是要揭露對方的錯誤。不過當面指出別人的錯誤畢竟不妥當，無論是朋友、對手，還是不熟悉的陌生人，無論是出於好心還是惡意，我們說話都不要過於草率。當別人做錯了事，我們不僅不要明目張膽地指出來，而且還要懂得替對方掩飾。

慈禧太后曾經為戲曲演員楊小樓題「福」字，結果將「示」字旁寫成了「衣」字旁。楊小樓接過來後左右為難，直接說出來肯定不好，不說又感覺被人看見會折了老佛爺的面子。此時慈禧老佛爺也看出了錯誤，自然不能將這等醜事傳出去，可是她又不好意思收回，左右為難之際，李蓮英站出來說：「老佛爺之福，比世上任何人都要多出一點呀！」楊小樓於是順勢跪下：「老佛爺福多，這萬人之上之福，奴才怎麼敢領呢！」這兩人一唱一和，一下子就給了老佛爺臺階下，老佛爺於是心安理得地收回了這個字。一場尷尬消弭於無形。

金無足赤，人無完人，誰都可能會犯錯，不過當你知道別人犯錯時，不要直接指出來，否則可能會讓別人覺得尷尬，弄不好還會讓別人覺得受到了侮辱。當然你如果不提出來，可能會讓錯誤繼續下去，所以最好的辦法就是幫別人巧妙地掩飾一下，以便讓這個錯誤看起來更加合理。這樣一來不僅避免了正面衝突，別人也能避免落人尷尬，而且你還可能會因為幫人掩飾而獲得對方的感激和信任，可以說是一舉多得。

做人還是要厚道一些，老實說話，盡量把話說得中聽一些，在表達自己觀點的同時，也要盡量考慮到對方的感受，不能得理不饒人，懂得適當退讓一步，凡事都應該留有餘地。嘴上留情，給別人留下臺階，實際上等於給自己找臺階下；給別人留下一條退路，就等於給自己多留一條退路。

▼ 3. 客套話不是多餘的話

華人喜歡客套，無論是真心還是假意，客套文化在中國生活的各個方面都可以見到，有些甚至形成了它特有的文化現象。生活中各式各樣的招呼和敬語，酒桌上的勸酒詞，生辰做壽時的祝賀，開會演說時的開場白，交際應酬時的場面話，無論什麼場面，無論什麼行業，無論什麼情況，只要有社交的地方，就會出現客套話。因為客套話的普遍性，很多時候我們都對它產生了審美疲勞，認為客套話只是走走形式走走過場，都是場面上的一些繁文縟節，是空洞多餘的話，它的存在沒有任何實際意義。

不過無論你怎麼看，怎麼想，客套話依然是人們生活中不可或缺的一部分。我們每個人都需要它，每個人都需要用到它，無論是別人對你說，還是你對別人說，客套話在你的生活裡都是隨處可見，也隨時要用到。不可否認，客套話雖然更像是空談，但往往也是討人喜歡的話，因為相比直來直往時的磕磕絆絆，相比說真話直話時的稜角分明，套話更能夠緩解雙方社交可能發生的衝突，更容易婉轉流暢地轉移矛盾，總能抓住人心。說客套話的人總能輕易獲得別人的親近，可以說它是人際關係的潤滑劑。

而且說客套話還是人的一種社交能力的展現。說客套話是人際交往中必不可少的技巧和手段，一個懂得說客套話的人，一個常會說客套話的人，相比那些老實嘴笨的人，在為人處世方面，總是會表現出巨大的靈活性，在社會交往和生存方面，也總是更具優勢。因為他們更懂得察言觀色和分析局勢，從而了解到別人的真實想法，抓住別人內心的需求。這就是說善於說客套話的人往往擅長心理遊戲，總能迎合別人所需。

從事銷售工作五六年，小王的工作一直沒有什麼起色。而且更讓他感到痛苦的是，每次見客戶，他除了和對方談論生意外，沒有其他話題，有時候一度陷入冷場，氣氛往往非常尷尬，他也覺得坐在那裡非常彆扭。很多時候，他乾脆見了面後就直奔主題和要點，結果這讓很多客戶覺得難以接受。尤其是一些外地的客戶他們往往一路舟車勞頓地趕過來，根本沒有心思立即投入到談判中去，小王單刀直入的做法讓他們很是反感，所以雙方的談判往往不是很順利，有些人甚至藉此發脾氣故意為難小王。

這讓小王非常難過和苦惱，他想不明白為什麼別的同事每次都可以有所收穫，而自己的客戶卻總是挑剔這嫌棄那，總有藉口表達不滿，很難搞定。有一次，他和同事一起去喝酒，就將自己的疑惑和煩惱一股腦兒全說了出來，然後準備向對方請教一下如何去做好銷售工作。同事聽了之後哈哈大笑，他拍了拍小王的肩膀說：「你這個人辦事太直接了吧，像你這樣的，要麼就是沉默著一句話也不說，要麼一開口就是合作、合約，試問別人會怎麼看你？」小王很無奈地說：「那我還能怎麼辦，你也知道我這個人幾乎什麼也不知道，也沒有什麼愛好，你讓我和別人說些什麼好？」

聽完小王的解釋，同事端起酒杯故弄玄虛地說：「你想知道我是如何拉攏那些客戶的嗎？」小王點點頭，請求他趕快透露一些祕訣。同事於是沾了點酒在桌子上寫上三個字：客套話。小王看了看，自言自語地說：「那不就是廢話嗎？能有什麼用？」同事笑了笑：「你不去試試，怎麼會知道有沒有用？」小王半信半疑，不過他覺得同事的業績一直都很傑出，說不定真的有用呢，於是就將這三個字記在了心上。

之後每次出差談判，每次和客戶見面，他都故意和對方說一些客套話，見了面就主動打招呼，而且盡量多用一些禮貌用語，還時不時問候關心一下對方，盡量不讓現場氣氛冷卻、尷尬，努力挑起對方交談的慾望和興趣。結果還真有一些效果，他發現客戶們都願意和他說話，有些人還願意主動和他談論一些私事，彼此之間很快就熟識起來。他發現原來那些客戶並非總是那樣難纏，只不過是自己以前的交流方式有問題而已。現在他懂得用客套話暖場，懂得去迎合別人的興趣，懂得聯繫感情，有了這些鋪陳後，雙方談生意也比較順暢了，自然而然，小王的業績開始有了明顯的上升。

無論有沒有那個必要，說客套話總是不會錯的，因為說客套話本身不具備任何殺傷力和攻擊性，不會損害任何人的利益，製造任何不必要的事端，是一個偏於中庸的交流技巧。即便它不見得能給人帶來多大好處，也不至於讓事情變得很壞。當然了，說客套話也要有所講究，說客套話也要懂得把話說溜、說圓滑，讓別人聽著不反感。客套話的關鍵就在於迎合。

生活中，最多的客套話其實就是讚美，誇別人年輕漂亮，誇別人能力出眾，誇別人老當益壯，好聽的讚美話無處不在。沒有人希望自己被人數落缺點，沒有人希望自己被人批評，任何人都喜歡聽到別人讚美自己，都希望得到別人的認可，而這個社會需要人給予更多的褒獎，正因為如此，我們要懂得讚美別人，而最好的讚美方式就是誇讚別人身上的優點。個人身上的優點往往是這個人在社會生活中得以生存的保障，是這個人被別人認可的重要因素，是個人能力的重要憑證，正因為如此，每個人都希望自己身上的長處被人看到，希望自己能夠成為別人關注的焦點。讚美別人的優點實際上恰恰迎合了對方想要表現自己的慾望、對自我認可的需求。一個人被別人讚美往往會覺得全身舒坦，反過來說讚美別人的人也很容易讓人產生好感。所以，別人的缺點不要老去說，別人的優點要大力宣揚，沒有優點的可以適度挖掘他的優點。

此外，想要讓對方更舒服地接受自己的讚美，我們還可以適當否定自己，以此拔高別人。比如，人們常常在交流中提及年齡這個敏感的話題，尤其是女人，你不能總是當面說別人的年紀有多大，應該拐個彎：「聽某某人說妳今年四十三了，看起來不像啊，還那麼年輕。你看看我，比你大了一歲，看上去卻要老了十年。」這樣一來，兩相對比之下，差距就會顯現出來，對方聽了不僅不會計較你提到她的年齡，反而會覺得很舒服。

當然，有些事情也要盡量實事求是，如果對方很醜，你非要用帥哥美女稱呼人家，這樣對方就會很尷尬。如果對方好吃懶做，你卻硬要說他勤勞，別人聽了會覺得你在說反話，因此會反感。誇別人不當往往會造成誤解，別人可能會認為你在說反話，因為事實擺在那裡，好的就是好的，壞的就是壞的。如果你無論好壞都胡亂讚美一通，輕則別人認為你沒有誠意，重則別人認為你故意反諷，你就會落得吃力不討好的下場。所以，並不是所有的好話都可以說的，要看清情勢，分清對象。

除了說讚美的話外，還可以說一些貼心暖心的家常話。說一些家裡面的瑣事，提一提對方的愛人、孩子、老人，給予簡單的問候，聊一聊生活上的一些小細節，最近的工作、學習狀況。家常話看上去很雜、很空洞、很瑣碎，沒有什麼特定的目標，也沒有什麼很強的針對性，完全是隨意的交談，而且多數都沒有實際意義，屬於打發時間的一類空談，不過效果往往很好，因為家是一個人的心靈港灣。談及家庭瑣事，很容易讓人產生溫馨親近的感覺，容易引起雙方思想和情感上的共鳴，比有些故意而為之的高談闊論更讓人舒服，更能拉近人際關係。

在這個世界上，我們每一個人所處的環境不同，理解和接受能力也不盡相同，人與人之間的交往難免會有磕磕碰碰的地方，這些都是客觀存在的。這時候，我們就不要老實地局限在某種思維中，要從主觀上去化解這些衝突，要懂得如何更巧妙地與人相處，要懂得更婉轉柔和地讓彼此間產生信任。說一說客套話能夠有效打破彼此之間的防備和隔閡，儘管客套話容易了無新意，但是生活中根本離不開它，你也離不開它。

4. 面子不是很重要，該認錯時要認錯

都說樹越老臉皮越厚，人越大臉皮越薄，面子往往是人生的大問題，不僅關乎個人聲譽，常常更是和尊嚴綁在一起。吃飯搶著請客，犯錯時死活不認錯，理虧時堅決不低頭，有些人寧可輸得一敗塗地，也絕對要爭一口氣，寧可要面子，也不要裡子。人們之所以不退讓，之所以事事都要爭先，關鍵在於他們有好勝心，太要面子。但事實上面子真的有那麼重要嗎？為了維護所謂的面子，人們那樣做是否划算，真的付得起任何代價嗎？

不管怎麼說，面子的確是個問題，而且是個不容小覷的大問題。很多時候，面子問題會影響到我們的正常生活，最常見的就是和睦相處的問題。因為怕批評，擔心遭人非議，擔心在人前出醜而滅了自己的威風，所以極力維護自己的面子，有錯誤不敢或不願承認，甚至還會找諸多藉口百般掩飾和辯解，結果為此不惜和對方爭吵翻臉。

其實，一個人明知有錯卻不悔改，還強詞奪理，才更讓人瞧不起，才更應抬不起頭來做人。你想要在人前樹立威望，想要留下一個完美的好印象，想要所有人都覺得你是一個有能力的人，那麼就應該讓別人心悅誠服地認可你，而不是蠻橫不講理地做一時的面子之爭。你可能覺得自己贏回

了面子，但在別人看來，你的無理取鬧很幼稚、很粗魯，對方對你的印象反而會更差。所以很多時候，我們要放下面子情結，有錯誤就老實地承認，敢做敢當，改正過來。一個人做錯事並不可恥，有錯不改還百般強辯，這樣的人才讓人覺得無藥可救。

趙剛是一個十足的大男子主義者，家中的一切事情他都要做主，無論大小事務，他都要一一過問，只有他拿定主意才算可行。他覺得一個男人如果沒有掌控家庭的權力，那麼在別人面前一定會很沒有面子。趙剛的確是一個非常好面子的人，平時容不得自己在人前出半點醜，哪怕自己做錯了事情，他也要百般掩飾，也要尋找各種理由和藉口來推脫自己身上的錯誤，要麼就乾脆死不承認，堅定地認為自己沒有做錯。

趙剛的妻子是個老實本分的農家婦女，平時對丈夫是百依百順，事事都讓丈夫做主拿主意，自己完完全全就是一個執行者。她了解丈夫的脾氣，知道丈夫愛面子，所以常會幫襯他，在別人面前也是盡量展示小女人的一面。不過，趙剛這個人太要面子，讓他的妻子有時也難以忍受。某次，趙剛帶著朋友來家裡吃飯，結果兩個人因為意見不合而發生爭吵，妻子於是上來勸阻。其實這事本來就是趙剛的不對，可是他非要強詞奪理，根本不願意承認自己犯了錯，而且還一直大喊大叫。妻子覺得朋友再怎麼說也是客人，趙剛怎麼能夠當著面這樣大呼小叫，這事說出去可不大好聽。說白了，她也是為丈夫的名聲著想。可是趙剛因為剛才的爭吵正在氣頭上，妻子現在一說話反而讓他把怒火轉嫁到她身上。他覺得自己和別人談論事情，女人根本就沒有必要插嘴，於是就指著妻子的鼻子要她閉嘴。

妻子一時心急就多說了他兩句，希望他不要再無理取鬧，沒想到趙剛一下子就發火了。一直以來都是他說一妻子不敢說二的，他已經習慣了這樣，沒想到妻子今天竟然敢說他的不是，而且還是在朋友面前指責他，這簡直就是在侮辱他的尊嚴，他於是怒火中燒，直接打了妻子一巴掌。朋友見狀立刻上前勸架，他也覺得趙剛實在太過分了，就勸趙剛趕緊跟她認個錯、道個歉。可是趙剛根本聽不進去，不僅接著罵妻子，還大聲地對朋友說：「我是對的，她插什麼嘴，又有什麼權利指責我？再說了，她是我媳婦，我根本不用道歉。」妻子聽了這樣的話覺得很委屈，十幾年來積壓在心頭的怨憤一下子激發了出來，一怒之下和他鬧起了離婚。

一個人的面子問題無非就是個人的自我表現期望值問題，他希望獲得別人的認可，希望展示一個更有魅力更能吸引人的自我。有時候我們爭面子，不是因為爭得了面子才讓人看得起，相反地，往往正是由於放下了面子，才獲得了別人的信任和認同。放下個人的面子，自己才有勇氣去改正自己的錯誤，才會懂得公正地看待自己和別人，才會虛心地面對別人，自然也才能得到他人的欣賞。

其實，面子終究只是個人的心態問題，覺得有面子只是你自我感覺良好罷了。你覺得這樣做很有尊嚴，很有成就感，很能吸引人，但別人可不一定會這麼去想這麼去看，有時候他們反而覺得你的心智很不成熟，覺得你只是一個不講道理無理取鬧的人。

人太過要面子，往往就會傷害自己身邊的人，只會讓自己更加被孤立。當你把面子放在首位，把人格拋在末尾的時候，犯了錯，你態度強橫寸步不讓往往會讓人很惱火。你的戀人、親人、朋友、夥伴、同事，他們的本意都是為了讓你意識錯誤，而不是出言譏諷，可你卻把承認錯誤當成對自己的一種侮辱，把別人的好意當成別有用心，結果你的自私就讓身邊的人對你望而卻步。你的心裡只有你自己，以及那些無關痛癢的面子問題，而沒有裝下其他人，這當然很讓人傷心，所以別人就會漸漸疏遠你，因為誰都不會歡迎和接受一個虛榮、膚淺、蠻橫不講理的人，都不願意和只講面子不講情理的自私鬼相處。

所以，維護面子固然重要，但是也要看場合，也要看究竟是什麼事，自己有沒有問題。我們不能太過重視個人的面子而做出一些有損個人形象的事情，做錯了事就要老老實實地承認，去改正過來，這並沒有什麼大不了的，沒有必要小題大做，更沒有必要將承認錯誤提升到事關尊嚴榮辱的高度上，將它看得太重，將自己的面子看得太重。至於爭面子，要知道，真正的面子應該是大家給的，別人不給，你就別去爭搶，也爭搶不來。

5. 別把話說絕，軍令狀不是隨便立的

話說諸葛亮北伐時，和魏國軍隊在街亭對戰，街亭策略位置的重要性不言而喻，所以諸葛亮準備讓有能力的人前去把守。結果善讀兵書的馬謖自告奮勇地請求接受這個任務，而且還自信滿滿地立下軍令狀，說是自己若守不住街亭就接受軍法的處決。最後自大的馬謖輸掉了街亭這個據點，蜀兵大敗，諸葛亮沒有辦法只能按照軍令狀斬殺了馬謖，以正軍紀。

諸葛亮揮淚斬馬謖的故事，人盡皆知，其實，試想一下，如果馬謖不將話說得那樣絕那樣滿，不去立那軍令狀，諸葛亮也許會考慮其他人選，更重要的是馬謖自己也就不會死。

所以為人處事要謹慎，有時最好還是實事求是，老實說話，無論你有沒有絕對必勝的把握，都不能把話說得太滿，都不能一下子就把話說死說絕。因為未來的事情總歸是還沒有發生，所以會存在一些變數。你自己是否準備充分了，那些各式各樣的因素你是否全都考慮在內了，還有那些未知的意外，你是否能夠預料和抵禦得了，這些都需要你謹慎詳細地思考清楚，千萬不能魯莽地立下「軍令狀」。說話辦事必須有彈性，要懂得留有餘地，要懂得留下那些抵禦風險的空間，要為自己留下一條退路，不能心一橫就什麼也不管不顧，否則吃大虧的只會是自己。

江斌是一家公司的銷售主管，他能力出眾，也很有自信，無論面對什麼樣的環境，面對什麼樣的困難，他都能夠保持樂觀的態度，從容應對。公司正是看重他這一點，才經常對他委以重任，將一些一般員工難以完成的任務交給他去處理。不過公司也明白，江斌畢竟還很年輕，沒有足夠的生活閱歷和經驗，辦事有激情有衝勁，可以說初生之犢不畏虎，但在一些事情上還欠缺一些成熟的考慮，容易感情用事，所以還需要再接受一些鍛鍊，不過假以時日，他一定會成為公司的棟梁。

公司對江斌的期望很高，而他也懂得把握機會去鍛鍊和證明自己。有一次，公司決定北上開拓新市場，這對公司而言是一次轉型的機會，也是一次重大的挑戰，而這就要求業務部門的業績必須達到一個高標準，這樣才能更好更快速地開闢市場，並穩定下來。所以公司就想給業務部門一些壓力，希望他們能夠努力完成這個艱鉅的任務。結果還沒等公司向業務部門宣布這個想法，江斌自己就找到主管，主動提出了完成年銷售總額1個億的指標。這是一個很高的水準了，要知道去年公司的銷售總額也才這個數值，所以當公司聽到江斌提出的指標後，有些吃驚，他們確實相信江斌能力出眾，但是開發新市場畢竟有很大的風險，一旦任務沒法完成，公司就會存在生產過剩、貨物堆積的大問題。

就在公司猶疑不決的時候，江斌再次大膽地保證自己一定會完成任務，否則任由公司處罰。見江斌如此自信，主管也不好再說什麼，只好同意，況且一時半會兒他們也找不到更合適的人選。不過公司還是保留了一點，只按八千萬的銷售額生產產品，只要能夠創造出八千萬的銷售額，那就是很大的成功。

江斌之所以如此自信，這不僅與他的能力相關，更重要的是他覺得自己有這方面的經驗，以前他遇到過各種困難，最終都能夠解決問題，都能夠順利完成任務，所以這次他覺得問題不大。

可是江斌卻沒有料想到這次任務的困難竟有那麼大，因為他們的公司在北方沒有什麼知名度，銷售通路也不成熟，他對市場的了解也不夠清楚，結果銷售情勢很不樂觀。一年下來，他想盡了所有的辦法，也還是沒有完全開啟市場，最終只勉勉強強達到了五千萬的營業額，這離原先的一個億相差甚遠，就是和八千萬也存在很大差距，結果公司產能嚴重過剩。鑒於江斌的失誤，上級只能按照事先的約定，給予江斌降級處分。

天下沒有什麼事情是絕對的，也沒有任何東西是你可以做得了絕對的保證的，你自以為可以打包票，自以為一切都在掌控之中，但是往往可能會因為某個小細節上的紕漏而功虧一簣，貽笑大方。

也許很多人會覺得做人要有自信和魄力，只要認定的事情就要拿出堅決的態度，就要堅定不移地相信自己可以完成，但是自信和謹慎並不是相互衝突的，自信並不意味著我們可以不管不顧勇往直前，並不意味著我們只要想做就一定能夠做到。雖然自信是成功的前提，但是太過自信就不可取了，因為你太過相信自己的能力，就會被自己的心態和感覺麻痺掉；你的分析能力，你的警覺性，你的弱點都會被激情四射的自信掩蓋掉。掩蓋掉不等於消失，問題依然還是問題，隱患依然還是隱患，你失去了分析和防備它們的態度，就等於給自己埋下了定時炸彈。你的超級自信往往會成為埋葬自己的陷阱，當你覺得無往而不利的時候，恰恰是危機四伏的時候；當你覺得一切皆在掌控之中的時候，潛在的威脅正在悄然靠近你；當你覺得萬無一失的時候，結果往往會出人意外。自信的人不要覺得自己無所不能，更不要拿過去輝煌的業績說事，哪怕你做了一千次，也不能保證第一千零一次不出差錯。經驗只能是參考，而不是成功百試不爽的靈藥。這就是生活，這就是生活發生的各種可能，你忽略了其中的變數，就可能埋下隱患。

正因為如此，自信的同時，我們更應該理性一些，更應該謹慎一些。對於沒把握的事情，不要強出風頭，要看清事實和差距，幹不了的千萬不要去幹，這樣只會死要面子活受罪；對於有把握的事情也要慎之又慎，不能把話說絕。小心駛得萬年船，凡事盡量多做考慮，多做分析，盡量多留有餘地，讓自己有更大的後退空間，這樣我們才能夠心無旁騖地努力和奮鬥，才能無所畏懼地向目標衝刺，即便不能達成目標，也不至於無路可走，使自己陷入困境。

總之，做人該老實的時候就要老實，凡事要實事求是，一切按實力說話，自己能做多少就做多少，自己能做多好就做多好。做任何事情都會有風險，所以說話做決定都要慎之又慎，不要把話說到無路可退的份上。軍令狀並不是誰都可以去立的，也並不是任何時候都可以隨便去立的，你要考慮事情的後果，要考慮自己是否真的可以不負所望，順利完成任務，達成目標。

▼ 6. 健談的人並非都受歡迎

在我們固有的思維中，一個人如果很健談，就意味著他學識淵博、認知範圍很廣，上知天文下知地理，無所不知無所不談；健談的人一定具備很強的社交能力，他隨時都可以和別人聊開，而且能證明他交友廣泛，到處都能碰到熟人；健談的人比較樂觀，生性開朗外向，相比那些老實少話無話的人，顯得有些不那麼老實。

健談就是能說話，原本是好事，不過說話往往也要適可而止，盡量簡單精練一些，拒絕長篇大論，因為別人不可能一整天都聽你在那裡喋喋不休地談論這談論那。每個人對他人說話的接受都有一個限度，你說得太多，就會造成別人審美疲勞，也會讓別人產生疲憊的感覺。另外如果當別人心情不好，或者想要休息喘口氣的時候，你把嘴巴湊上去吱吱喳喳地大說特說一番，這樣對別人就可能會產生更多負面的影響。另一方面，話說多了，往往會出錯，這是肯定的。人們在長篇大論的時候，就很容易說錯話，甚至還會出現一些謬論，這時你要識趣地閉上嘴巴，盡量少開口講話，千萬不要將錯就錯，錯上加錯，否則不僅不會達到自我表現的目的，反而只會讓別人見識到你的無知，甚至願意在一旁看你出洋相。

有一次，楊生和朋友一起去參加某個活動，楊生原本就是個健談的人，無論和誰都能說上話，所以活動現場人山人海以及熱鬧的氛圍正迎合他的興趣，一到活動現場，他就迅速和別人聊開了。他在到處閒逛時，每遇到一個人，不管是認識的還是不熟識的，他都能夠和對方說上話，看上去這裡的人都是他的朋友一樣。他的朋友也很納悶，按道理說楊生認識的人他應該也認識，而這裡的人他根本就不認識幾個。他覺得很好奇，於是就跟在楊生後面。

在這樣的場合中，大家談話的內容和主題自然是很廣泛的，從歷史到生活，從生活到社會，從社會到文學，從文學到科技，往往是想到哪裡就說到哪裡。而無論是神鬼故事、時事政治，還是經濟民生，楊生都是信手拈來，一說起來就沒完沒了。更重要的是楊生往往說得聲情並茂，加上他為人風趣，所以總是輕而易舉就吸引到了很多聽眾。但是他說話的時候有一個缺點，就是總想著自己一個人霸著話語權，最好所有的人都當聽眾。所以當他在那裡說話時，別人往往都沒有辦法插上嘴，即便偶爾開口，也會被楊生很粗魯地打斷。

朋友了解楊生的為人，知道楊生太能說會道了，只要他一開口，身邊的那些人想說話都說不上，要麼是欲言又止，要麼就是硬生生地被他打斷。這次，朋友站在一旁觀察得清清楚楚，每個人臉上的表情都被他看在眼裡。他覺得楊生今天可能的確說得太多了，看別人的樣子似乎不願意再聽下去了，而且，他還聽見有人在悄悄議論楊生，大意是說他只會在這裡胡說八道出洋相，其實什麼都不懂。其實，朋友早就發現了楊生話中的錯誤，尤其是那句「耶穌的《聖經》……」更是讓他這個朋友也羞得無地自容。聽到別人這樣議論後，他很是著急，表面上不好說什麼，只能不斷提醒楊生趕緊離開，不要再說下去，可是楊生根本沒有打算停下來，這時朋友看見人群中有人在笑，於是他想也沒想就拉著楊生快速離開了，以免大家看楊生的笑話。

能說話和會說話是兩碼事，在某些特定場合，健談往往意味著你太能說話，意味著你是個話癆，意味著無論事情是好是壞，你都是知無不言，言無不盡。

生活中，我們常常能看見這樣的情況，某些人在人群裡滔滔不絕地講話，一刻也不停，而其他人卻被晾在一旁，完全插不上嘴，所以他們往往東張西望，完全不會認真去聽那些廢話。這是健談的人需要注意的一個問題，簡單地說，你不能一個人把話全說完了。當你說話的時候，不能一個人在那裡滔滔不絕地講下去，既然是交流溝通，那麼就要適當地閉起嘴巴，偶爾安安心心地當一個合格的傾聽者。別人也需要表達自己的觀點，別人也有表現自己的慾望，你千萬不要搶了別人的話語權。一個人說得越多，必定意味著別人說得越少，你太喜歡表現自己，那麼注定就要搶走所有人的風頭，這樣一來，別人自然不會待見你歡迎你，自然會有意將你排除在交友圈之外。

此外，一般而言最健談的人都是些消息靈通、喜歡茶餘飯後說八卦的人。這種人往往很喜歡打聽別人的隱私，對那些私事醜事很感興趣，喜歡去挖掘，然後在第一時間裡與所有認識的人分享。這種人表面上看起來吃得很開，朋友也很多，但是大家其實都對他懷有很強的戒備心，因為這樣的人往往管不住嘴巴，也缺乏最基本的修養，只要有事就不知輕重地到處宣揚。大家擔心某一天自己的祕密也會被他洩露出去，於是就會處處防著他，一些不該說的東西，一些朋友間可以分享的隱私也不會輕易向他透露。所以從本質上來說，喜歡八卦又很健談的人是最容易被人孤立的。

其實不妨反過來想一下，如果別人在你的背後成天說你的私事，你會開心嗎？如果你自己的私事被身邊的朋友同事洩露出去，你會高興嗎？你下次還願意和別人交心地談話嗎？所以做人要有一個基本的原則，不該說的話要少說甚至是不說，不要為了滿足自己八卦的私慾而出賣別人的隱私。你希望將自己打造成一個傳聲筒，希望讓自己成為別人關注的焦點，但也要明白不能因此去拿別人的私事開玩笑，不能傷害別人的利益，不能將自己的快樂和滿足感建立在別人的痛苦之上。你如果為了達到自己的目的而不管不顧，就不僅不會獲得別人的關注，反而會讓別人對你產生戒備。

所以，一個健談的人雖有優點和長處，但也要注意適當老實一些，不要總是說起話來滔滔不絕，一定要注重場合注重分寸，不要以為話說得越多，人氣就越旺，自己就越能受到關注。須知並不是所有的健談者都是會說話的人，都能受到大家的認同。話不在於多，而在於精；不在於繁，而在於簡；不在於數量，而在於品質。只有掌握分寸，掌握技巧，會說話懂得怎麼說話的健談者才更加容易被人稱讚和歡迎。

7. 學會用更受人歡迎的說話技巧

生活中，基本上每個人都會說話，都要說話，但是不同的人所說的話往往不一樣，不同的人說話的方式往往不一樣，有些人說話很婉轉，喜歡拐彎抹角，有的人則直來直往，有什麼說什麼。不同的人因為說話方式不同，所產生的效果也是不同的，有的人說話很中聽，讓人聽了渾身舒坦，輕易就能抓住別人的心，而有的人說話只會越說越讓人無法接受，甚至得罪別人。因此擁有一張人見人愛的嘴巴，擁有一副人見人愛的好口才就很有必要了，這樣可以讓我們和別人好好打交道。然而怎樣的話才算是好話，怎樣說話才能讓人心服口服，才能更加受人歡迎，才能說得有品味，說得讓人聽著舒服，這就需要我們好好學習和掌握說話的技巧，不要那麼死板。

小袁在週末的時候做了一個新髮型，可是由於髮型師犯了點小錯，小袁的髮型有一些小問題，這讓她忐忑不安，害怕會遭人嘲笑。星期一一大早，她早早來到公司，準備向同事們展示自己的新髮型，同時她也想觀察一下同事們的反應。結果大家的反應比她預期中的要好很多，很多同事都覺得還不錯，雖然有一點小瑕疵，但是不影響整體的美感。聽到大家都這樣說，小袁的心裡開始放鬆了一些，看來自己的髮型還算過得去。

正當她準備坐下來上班的時候，陳燕發現小袁換了髮型，於是好奇地走過來看看，小袁也大大方方地請陳燕品評一番。陳燕向來就是心直口快，說話常常不動腦筋，不知道轉彎，有什麼就說什麼。她一見到小袁的新髮型就直搖頭，還不斷地指出髮型上的各種缺陷，顏色太深、頭髮太捲、瀏海被剪得太短等等。她最後做了一番總結：「老實說，妳的髮型真的很難看，為什麼要弄這樣的髮型啊？這樣的髮型設計師是我見過最垃圾的一位。要不我介紹妳去另外一間理髮店吧！那裡的髮型設計師一定會把妳頭髮弄得比現在強很多倍。」

小袁原本就有些擔心自己的髮型會惹人非議，剛才同事們好不容易為她打了強心劑，沒想到陳燕一下子就挑出了好多毛病，而且還狠狠嘲笑打擊了她一番，這讓小袁覺得很失望，也很沒面子。面對陳燕好心的提議，她沒好氣地回應了一句：「不需要了！」然後生氣地離開了，留下陳燕一個人不知所措地站在那裡。她左看看又看看，顯得很無辜，可是發現同事們也一個勁地搖頭。

老實說，陳燕並沒有惡意，更沒有想過拿小袁的髮型缺陷開玩笑，只不過她不懂得說話罷了，所以很容易就傷到了小袁的心。其實，無論別人是對還是錯，無論你的初衷是什麼，有時候說什麼並不重要，關鍵是如何去說。說話的技巧非常重要，這裡有幾條最基本的說話技巧，我們不妨好好學習一下。

讚美別人。這一招當然是最直接有效也是最常規的交流武器。試問誰不喜歡被人表揚和讚美呢？你好話說多了，對方心裡自然是美滋滋的。讚美一下別人的相貌，誇一下別人的能力，順便表達一下敬仰和羨慕之情，效果當然就更好了。

要真誠而不要奉承。把話說好並不一定就是說好話，一味說好話奉承別人，往往會讓對方看低你的人格，所以不要沒事總去巴結和奉承別人。無論對方什麼身分，你都要真誠地去對待，態度一定要誠懇，說話要盡量感情真摯，不要弄虛作假。真心與人相處，別人才會真誠地對待你。

禮貌用語必不可少。做人要懂禮貌，要有修養，所以說話時要注意加上一些禮貌用語。比如雙方見面時，最好打個招呼，千萬不要認為這是句空話，事實上打招呼可以有效地拉近彼此之間的距離。見面時問一句你好，問一聲去哪裡，簡單聊一聊天氣，這樣一來，雙方就都會表現得自然親切一些。當別人幫忙的時候，要懂得多說一句「謝謝」；當自己做錯事或者拒絕別人時，及時補上一句「對不起」或者「抱歉」；談吐要優雅，說話時要用禮貌用語，如果不是太親密的朋友，就不要吐髒字。這些都是一些生活細節上的東西，很容易做到，只要平時多注意一點，就會為自己加分不少。

說話要注意場合。要懂得看人說話，要懂得看場合說話，什麼場合就說什麼話，要懂得隨機應變，而不是一成不變地用一種方式說話。比如正式的場合，我們說話就要嚴肅一些，說話不能輕佻，也不能太隨便，應該正式一些，大度一些，說話要多帶一些術語。而在親人朋友面前交談的時候，則應該簡單隨意一些，要說得簡單易懂，不要太過正式和見外。在長輩面前說話要端莊，要有尊卑之分，千萬別亂說話，更不能亂開玩笑，語氣要盡量謙和。而在平輩的兄弟姐妹面前則可以暢所欲言，可以更加隨意調皮一些，這樣有利於調劑氛圍。總之，針對不同的人、不同的場合，說話的方式、語氣都要不盡相同，要懂得迎合不同的環境和氛圍，這樣才能顯示出個人的修養和水準。

用肢體語言配合。肢體語言往往也能表現出一個人的心態和性格。人們在說話的時候，往往會使用不同的肢體語言。眼神、嘴巴、表情、坐姿、站姿、手腳等的動作都很有講究，都能夠釋放訊號，展示你的內心世界。比方說，你在接受別人的勸告時，語氣雖然很真誠，但是如果臉上表現出一副無所謂的神態，你的眼神游移不定，甚至東張西望，別人一眼就能看出你並沒有真正接受他的教誨，至少證明你沒有認真聽。所以想要真正贏得別人的尊重和信任，就不要輕視透過肢體語言來傳達自己的內心，要讓你的肢體語言表現出足夠的誠意，讓對方及時了解你的真實想法。如果你透過那些肢體動作表現出自己謙和、友善的一面，那麼對方自然就願意和你交往。

說話不僅僅是一個生理功能，更是一門技巧，一門藝術和智慧，就好比做人一樣，不能太老實，也不能太不老實，要有誠意但也要靈活。一個人會說話，一個人的說話方式更加討巧，那麼他往往就會更加有魅力，更能吸引人。把話說好，我們的生活往往也會變得更好；把話說溜了，我們的人生道路往往也能變得更加順利。

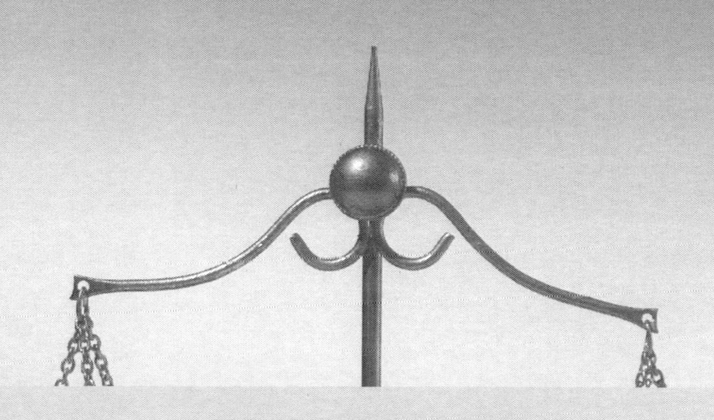

第六章

別軟得像柿子，也別狡猾過了頭

▼ 1. 你要做軟柿子，別人就一定會來捏

很多時候，你堅信自己是個好人，可你的生活總是不如意，你總是受到別人的排擠，總是成為別人取笑的對象，你無力還擊，也根本不想去還擊，面對那些咄咄逼人的攻勢，你只能無奈地退步，總是在逃避，沒有勇氣向別人說不。可是這樣某一天你就會發現自己無路可退，然後只能從社會的舞臺上黯然下場，最終成了一個徹徹底底的失敗者。可是你的遭遇從來不會有人同情，也沒有人願意幫助你，你的對手也更加不會手下留情，因為你自己從來沒有爭取過機會，從來沒有做出反抗，你放棄了掙扎抵抗的機會，承認自己是個毫無還手之力的弱者。

做人不能太過於老實，老實到軟弱。一個人一旦軟弱，某些人就會順勢將你踩在腳下。不要抱怨這個世界太殘酷，這就是弱肉強食的世界。在動物世界中，只有那些最強大最勇敢的動物才能生存下去，獅子和獵豹對那些老弱病殘的獵物不會有絲毫的憐憫，相反地，它們會想盡辦法捕獲它們。而牛羚和羚羊想要渡過滿是鱷魚的大河，也要足夠堅強，一旦有所猶豫，一旦在惡劣環境面前膽怯，它們就注定會成為大自然的淘汰品。這個世界往往專挑軟柿子捏，因為他們的威脅更小，而且反抗能力更為薄弱，很容易下手，所以你越是害怕和懦弱，反而越是容易成為別人的盤中餐。

阿超很有運動的天分，尤其是在游泳方面，能力更是超出同齡的運動選手很多。為了進一步培養他，當地體育協會準備將他送到縣立體育訓練中心進修，以讓他接觸到更高水準的訓練。阿超懷抱夢想來到縣立體育訓練中心後，卻遇到了一個很大的麻煩：受被人欺負。自從他第一天踏入場館開始，就有人處處為難他，尤其是一些老隊員，總是讓阿超幫他們提鞋、送水，有時候還要他為他們搓背。他原本就很膽小，現在又遠離家鄉，自己沒有辦法去申訴，只能默默忍受著，可是他越是忍耐，對方就越是變本加厲。

有一次，大家又開始欺負他，有人提議所有的鞋子都讓阿超洗。這時阿超再也忍不住了，積壓已久的憤怒一下子爆發出來，他抓住其中一個帶頭的人的衣服，然後用力將對方推倒在地，並且一直惡狠狠地看著對方。可是幾秒鐘之後，阿超就有些後悔自己太衝動了，其實原本說對方兩句就行了，現在把事情鬧大了，一會兒沒準要挨揍，更何況對方有那麼多的人。阿超心霱裡根本沒有底，他很害怕對方這時候會站起來揍他，可是沒想到人群中一下子就安靜下來，對方倒在地上一直沒起來，反而很驚訝地看著他，至於其他人既沒有去拉那人一把，也沒有表現出要上來教訓阿超的姿態，每個人似乎都被震懾住了。

阿超覺得自己也許真的嚇住了那些人，事實上就是如此，自從他那天發火教訓了那個帶頭的人後，其他的人就再也沒有為難過他，有些人還開始客客氣氣地同他打招呼。這反而讓他覺得有些過意不去。有一次，阿超主動找到被他推倒在地的人，並向人家道了歉，可是有一件事他必須要弄清楚，就是訓練中心有那麼多的人，為什麼對方非要和自己過不去呢，而且他們彼此之間似乎並不認識，也沒有恩怨。

這時，對方哈哈大笑起來：「答案其實很簡單，強吃弱啊！就像老兵欺負新兵、老手壓榨新人一樣，就因為新人往往都是軟柿子。但是如果你能夠強硬一些，那麼一兩次之後，別人可能就不會動你。現在要恭喜你，恭喜你順利度過了新人期。」阿超聽後才恍然大悟，然後開玩笑說：「早知如此，我早在第一次就該揍你一頓。」對方也不生氣，笑著連連點頭。

遇到那些不得不面對的強大對手時，要麼束手就擒，要麼迎難而上，想辦法和對方周旋，這是兩個一樣艱難的選擇，而且結果可能沒有什麼不同。可是堅持按前者去做，那麼你一點生存的機會也沒有，因為你不能指望對方會給你希望。選擇了第二種方式，你可能會面臨巨大的壓力和挑戰，但是至少證明了你不是一個隨便可以欺負的人，至少你努力去證明了自己的決心，且不論結果怎樣，你最起碼為自己爭取過機會。當然並不是說你在面對那些強勢的人，面對那些困難時，就要迎上去和對方硬拚，而是說你不要滅了自己的威風，哪怕明知自己是雞蛋，對方是石頭，也要保持一顆堅強如石頭那樣的心。所以你既要認清實力上的差距，也要給自己一點信心，千萬不要被對方的氣勢嚇倒。

外在的能力並不是一朝一夕就能提升的，但是我們內心的狀態卻可以隨時調整；外在的弱小難以改變，但是我們的內心卻可以變得更加強大一些。而只有把自己變得更加堅強，我們才能更好地抵禦住外在風險的衝擊。你不去提高自己的抗壓能力，別人就會將你淘汰；你沒有自信和勇氣，你的內心不夠堅強，就別指望別人會憐憫你，別指望對手會放你一馬。其實，真正的弱者並不是實力上的缺陷太明顯，而往往是其心態上更加膽怯。內心軟弱的人沒有氣勢而且缺乏鬥志，就像遇到危險受到驚嚇的鴕鳥一樣，只知道把頭縮在沙子裡，而不採取任何防禦措施。

有句話說得好：人最大的敵人不是別人，不是那些強者，而恰恰是自己。很多時候我們是被自己擊垮的，我們軟弱的內心成為了別人趁虛而入的最大缺口。一個人的意志垮了，崩塌了，喪失了反抗的意志，那麼哪怕他能力再強也無法挽回劣勢。相反地，如果你保持勇敢堅強的心，凡事都不退縮，也不輕易屈服，那麼實際上你就是在為自己增加更多的正能量，為自己克服困難帶來許多正面的情緒，你就有贏的機會。

做人不要太老實，讓人覺得軟弱可欺，一定要有志氣，要有硬氣，明知自己能力不濟，明知自己不敵，也要保持最基本的尊嚴，即我們所說的：哪怕是輸，也要站著輸，也要輸得有尊嚴。輸並不可怕，可怕的是輸得沒有尊嚴，弱也並不可怕，真正可怕的是弱得沒有原則和底線。做人要堅強勇敢一些，哪怕在身陷困境無力做出有效反抗的時候，也要明確地發給別人一個訊號：我很弱，但我並不會輕易屈服，更不會束手就擒。如此，還有誰敢隨便去欺負你？

2. 無事別惹事，有事別怕事

理想化的人有三種：一種是君子，為人謹守道德和原則，不會做任何越界之事，不過他們同時又不害怕別人挑釁，不害怕遇到困難，所以本質上來說他們並不是膽小鬼，而往往是一個敢打敢拚卻堅守做人原則的硬漢。第二種是俠客，但凡遇見不平之事都要管一管，絕對不會袖手旁觀，遇事從來都不退縮，這種人是性情中人，性格比較剛烈，好打抱不平，總是缺乏自制力。第三種是聖人，什麼事情在他看來都不算是事，他既不惹事，也不會和別人起衝突，這類人超凡脫俗。

有句古話叫作「君子不立危牆之下」。一個謹慎聰明的人能夠見微知著、防微杜漸，凡事都懂得防患於未然，盡量明哲保身，不去招惹是非。不過一旦出現了問題，他們也有勇氣去面對危機，去解決好發生的各種問題，絕對不會退縮半步。不惹事是道德準則，是行為準則，關乎個人的修養，而不怕事則代表一個人的性格，是強勢的態度，關乎個人的內心。就像某條廣告一樣：「我第一次離開家的時候，我爸爸就說，孩子，要出門了，記住兩句話：『沒事別惹事，有事別怕事。』」這後面的兩句話適用所有人。

鄭勇開了一家小吃店，因為生意不錯，惹得當地一些店鋪很不滿意，他們認為鄭勇搶了自己的生意，於是商議要給鄭勇一點顏色看看，讓他知難而退，離開這裡。其實在鄭勇到這裡開店之前，就有好幾個人來這做過生意，都是因為本地的一些人老是上門鬧事，這些人根本沒辦法安心做生意，加上自己是外地人，沒有什麼幫手，所以最後全部都走了。

不過鄭勇卻不怕，首先他從來不去鬧事，更不會去搶別人的生意，別人賣什麼價格，他也定什麼價，從來不會在價錢上壓制別的店鋪。平時他不會去多嘴別人的生意，也從來不拉別人店裡的客人，更不會對別人做生意說三道四，所以不會主動和人發生糾紛。正因為如此，他覺得自己不去惹事，那麼就有道理可說，無論發生什麼，也都不用害怕了，更不用離開這裡。

由於鄭勇堅持把店開下去，店裡開始三天兩頭發生怪事，不是有人在店門上亂塗亂畫，就是有人往廚房裡丟沙子。鄭勇知道這都是本地人做的，只不過苦於沒有證據，他不能直接找人理論，但還是直接報了警。有一天，一個乞丐故意跑到店裡來鬧事，說是店鋪裡的包子肉不新鮮，接著，有一個年輕人就跟著起鬨，揚言要砸掉這家店的招牌。鄭勇知道這一定是有人故意策劃的，目的就是要趕走他。看著對方人多勢眾，鄭勇根本就不害怕，他把乞丐叫到身旁，讓他解釋一下為什麼說肉不新鮮，乞丐看著鄭勇身材魁梧，目露凶光，一下子就嚇得不敢說話了。而那個年輕人卻跳出來還在說著砸招牌的事。鄭勇怒火中燒，一把將他拽進廚房，然後從廚房裡拿出了一把菜刀，對著年輕人說：「你可以對大傢伙說說，我的肉到底新不新鮮。還有，我這裡有一把刀，你有膽子的話就拿它砍掉門外的招牌。」年輕人也嚇得不敢說話了。

這時，周圍來了很多人，鄭勇於是對著人群大聲說：「我知道有人不歡迎我，我也知道是誰在背後整我，可是大家開門做生意，我們本來互不干擾的，為什麼一定要起衝突呢？和和氣氣的不是很好嗎？做人不都得講道理嗎？如果我有什麼地方得罪你了，我在這裡賠不是，可是如果有人想要沒事找事故意挑釁，那我也不會輕易讓人欺負。」鄭勇這一番話說得很有氣勢，態度也表達得清清楚楚，人群裡鴉雀無聲，而自此以後，再也沒有人來店裡鬧事了。

做人就應該這樣，該老實本分的時候就要老實本分，要理性一些，盡量不要和別人發生什麼不愉快的事情，能夠避免的衝突要盡量避免。不過如果有人想要前來挑釁找碴，就不要再老實下去了，要及時表現出強勢的一面，隨時奉陪到底，哪怕感性、衝動一些也無妨。要時刻警告那些躍躍欲試的挑釁者：千萬不要把我的善良當成懦弱，千萬不要把我的忍讓當成膽怯，千萬別因為我從不主動對人露出利齒，就認為我是一隻任人宰割的草食性動物。

「別惹事」不意味著可以讓別人對自己任意妄為，這只是主觀上的態度，是老實做人的一種本分，如果客觀的狀況要求我們更強勢，我們就一定要義無反顧地做出反抗。就像打架一樣，兩個人相互對峙，雖然你不主動去攻擊別人，但如果對方主動攻擊了你，你就一定要堅決地給予反擊。客觀來說，打架的性質並沒有改變，關鍵在於誰先動手。你約束自己不先動手，換句話說，你實際上就是在等待一個時機，在等待一個更好的藉口而已，這叫師出有名。一旦出手，你就要表現出你是剛烈的，哪怕你的反應甚至有些過激，這可以造成很好的震懾作用。就好比你向你的對手展示你的肌肉，就是向你的對手發出一個強烈的訊號：我不是好惹事的人，但也不是好惹的。

有時候，這是一種很睿智的做法，雙方之間的衝突依然存在，雙方之間的爭鬥依然在展開和繼續下去，只是彼此之間的先後順序換了。換了順序，性質也就換了，在法律上來說這接近於正當防衛，在道德上來說，你已經做了忍讓。這樣你就既占了道理，在輿論方面占了便宜，又沒有在衝突中吃虧，沒有表現出懦弱的一面，可謂是一舉兩得。

當然，「別怕事」也並不意味著你一受到刺激和挑釁，就做出反擊，而是說你在心態上不要軟弱，不要讓人覺得你老實可欺。你可以忍耐，但是這並不表明你怕對方，而是你覺得沒有必要擴大事態，激化矛盾，而且你的忍耐是有底線的。你是個做事有準則的人，你不會輕易和任何人發生衝突，更加不會主動挑事。對此，別人很可能不會這麼去想，很多時候，他們會覺得你這樣像是一個膽小鬼，只懂得讓步退縮，所以反而會變本加厲地刺激和欺負你。這時候，你的退讓已經沒有辦法讓自己再置身事外，於此你就不妨保持強硬姿態，堅決地予以反擊，千萬不要再老實地妄圖「以和為貴」。

做人要講原則，凡事不要輕易與人相爭，不要惹是生非，盡量以和為貴。只是做人要有底氣，也要堅強，該強勢時就強勢一些，不要無底線地講道理講原則。如果問題不嚴重，就盡量退讓一步，一旦別人不依不撓百般挑釁，就要適當地捍衛和保護自己，凡事能忍則忍，等到忍無可忍，就無需再忍。

▼3. 人無威則不立，適當強勢不是罪

有些人看上去很隨和，而且別人也非常樂意追隨他，都很敬重他，只要他說什麼，別人一定會照做，只要他做什麼，別人就會不自覺地跟著做。對此我們千萬不要被他的外表迷惑，因為隨和並不意味著他為人很老實，性格很中庸，隨和也許只是他表現出的某一個方面，從外在的種種表現來看，可以推斷這個人一定具有很強的威信，他的氣場一定很足，而且具有一定的震懾力。因為只有那些有威信的人，往往才可以「登高一呼，應者雲集」，而一般的老實人卻很少擁有這樣的魅力和魄力。要知道，但凡能夠拉攏人心的人，往往都很有手腕，懂得恩威並施，懂得展示出自己高於眾人的一面，能夠控制好周邊的所有人。

一個人在群體中既然具有威信，那麼通常來說，他在群體中的地位就一定比其他人要高，能力要更加出眾，聲望要更高，他的言行舉止都可能對別人產生影響。正因為他所處的位置比別人高一點，他才更具有話語權，才能夠對別人發號施令，別人都敬畏他。不過要說一個人身處高位，身居要職，聲望很高，能力很強，就一定能在群體中擁有威信，這也不一定，兩者之間並不是對等的。家長、老師、主管、幹部，他們不一定都能管好別人，不一定都能夠讓別人聽話，因為他們很可能太軟弱，不夠強

勢；很可能太隨意，不夠嚴謹；很可能有主張，但沒有立場。這樣的人很難讓別人真正信服。如果你想要管理好別人，想要成為好的主管，就要適當樹立起自己的威信，否則你的家庭、組織、交友圈很可能就是一盤散沙。

賀勉最近被公司提拔升遷為部門主管，原來的同事成為了自己的下屬，不過這並不影響彼此的感情，那些員工還是喜歡和賀勉開玩笑，哪怕在工作的時候，也是和以前一樣，完全沒有把賀勉當上司看待。其實賀勉平時也希望原先的同事不要太拘束，他向來就沒有什麼架子，也不圖什麼權力，在他看來，無論是以前還是現在，大家還是一個整體，還是要團結一致。

話雖如此，但是賀勉的寬鬆政策還是帶來了一些麻煩，因為原來的同事和自己關係不錯，有些人並不會將賀勉的話當成命令來執行，反而嘻嘻鬧鬧，根本不當一回事。有時候，賀勉下達任務，可是一連好幾天都沒有動靜，那些同事根本沒有認真來對待，覺得這些事情放一段時間沒有什麼。有時候，他在開會，許多人都在認真聽講，可是有些人卻總是時不時插科打諢，還拿他的話開玩笑，結果弄得會場鬧哄哄的，亂成一片。賀勉礙於情面，原先不好意思開口罵他們，可是他發現自己越是不說，下屬的紀律就越差，而且他也從其他部門那裡聽到了一些有關自己管教不嚴的消息。

賀勉覺得再這樣縱容下去，整個部門就會鬆散，到時候沒有人再願意服從管理，所以從現在開始他就要整頓風紀，要樹立自己的權威，讓所有的員工都意識到紀律的重要性，都意識到自己所處的位置以及自己的責任和義務，都能夠認真服從他的領導和管理。賀勉重新召開了一次內部會議，然後頒布了一些新的規章制度，他還重點強調誰要是隨意違反規定就必定會受到嚴懲。當天有個員工參加會議時遲到了，結果賀勉當場就扣除了對方一個月的獎金。

該員工曾經是賀勉最好的朋友，如今賀勉拿他殺雞儆猴，他心裡也很不是滋味，所以他私底下向賀勉求情，結果賀勉毫不留情，堅持要懲罰，不過他說：「你的罰款一定要扣，這是遵守紀律的要求，當然作為你的主管，我沒有管理好你，也有責任，所以這次從我薪資裡扣。」接著他又特地將原先的那幫同事叫到一起，直接對他們說如果以後有人故意違反規定，那麼他自己每次都要扣除一個月的獎金。大家聽到賀勉這樣說，都覺得很不好意思，於是決定往後認真做事，支持賀勉的工作。

你想要管理好別人，就一定要表現得強勢一些，要樹立自己的威信，該罰的就一定要罰。很多人覺得不好意思，可是要讓別人對自己言聽計從，要讓別人認真按原則按規定辦事，就必須拿出一定的管理措施，應該展示出主管該有的權力威嚴。你要立規，要制定相關的制度，偶爾要強硬甚至專制一些，要適度地對身邊的人和事進行控制、監督。你的目的就是要給對方一些提示：我才是主導者，我才具備最終的話語權。

美國總統狄奧多·羅斯福（Theodore Roosevelt）提出了有名的「胡蘿蔔加大棒政策」，這一政策現如今應用到了社會各個領域。政策的核心思想就是要賞罰分明，賞罰並用。對別人好是一回事，偶爾展示肌肉和強硬的姿態是另外一回事，不過兩者應該結合起來。人不可高高在上，更不能仗勢欺人，但是作為一個控制者，你就應該有控制權；作為一個主導者，你就要有主導權；作為一個決定者，你就要有決定權。你既然擁有一些高於眾人之上的權力，就要懂得利用這些權力約束別人的一言一行，就要適當地揮舞一下大棒，殺殺別人的銳氣，消一消那些不正之風。

孔子曾經提到人的五種惡行，一是通古今之變即鋌而走險，二是不走正道而走邪路，三是用謬論蠱惑人心，四是知曉醜陋的事情，五是依附邪惡並受到重用。他說任何人一旦沾染這五種惡行之一，就要立刻誅殺，要讓統治者立威。自古以來，正風氣，明法典，立威信，都不乏使用那些強勢行動。唐太宗為了改正宮中風氣，殺掉了和高陽公主私通的僧人辯機；孫武為了正軍紀正軍風，處死了違背紀律的吳王夫差的兩位寵妃。人要懂得在人前立威，必要的時候要勇於強勢對待那些不守規矩、不聽勸告的人，一定要給予必要的警告和懲罰，只有這樣，別人才會有所顧忌，才會懾服。

人如果沒有樹立威望，沒有樹立威信，那麼就很難去要求別人按照他的想法去做事，很難約束別人不去做那些違背原則、違背規章制度的事情。很多時候，僅僅依靠一個好人的身分管理不好任何人。別人歡迎並接受你和別人尊重敬畏你是兩碼事，兩者之間的層次不一樣。歡迎和接受並不意味著對方就一定會聽從你的想法，完全按你的意願做事，而尊重和敬畏則代表著對方為你的強勢魅力所折服。當好人是前提，但是適當強勢霸道一些也很有必要，這是區分地位高低、權力大小的基本要求，是你控制好態勢所必需的。

▼ 4. 內心強大才會真正強大起來

做人太老實，就總會膽怯，會輕易屈服，輕易認輸，所以做人內心一定要強大，無論自己身處何種境地，無論面對何種困難，無論面對怎樣的對手，都要展示出強大的心理素養。拿破崙說：「在我的字典裡，從來沒有失敗這兩個字。」難怪他可以橫掃歐洲各國，成為歐洲大陸的霸主。項羽和劉邦看見秦始皇經過時，項羽自信滿滿地說：「彼可取而代也。」劉邦滿懷豪氣地說：「大丈夫當如此。」結果一個是名揚千古的西楚霸王，一個是建立大漢王朝的漢高祖。他們如果內心不夠強大，遇事就退縮，那麼就一定不會有遠大的志向，也不會有勇氣為了這個志向而努力奮鬥下去。

內心強大就要有自信。有人說，如果人足夠自信，那麼就成功了一半。的確，都說萬事起頭難，如果自己內心不夠強大，對自己的前途不夠自信，那麼一開始或許就放棄了。自信是成功的重要保障，英國首相溫斯頓·邱吉爾（Winston Churchill）曾經在劍橋大學演講有關「自己成功的祕訣」，結果他只講了三句話：「第一，自信；第二，絕對的自信；第三，絕對絕對的自信。」這就是他的成功祕訣，也應該是多數成功者的成功祕訣。阻礙我們去獲得成功的往往不是環境，不是我們的對手，不是潛在的威脅，而是我們自己，是我們脆弱的心。因為環境上的困難可以去適應去克服，對手也可以去擊敗，至於潛在的危險，也可以去防備，可以去避免或者承受，但是一個脆弱的自己，一顆脆弱的心，則難以彌補和挽救，如此是不可能去爭取成功的。你自己膽怯了，就沒有鬥志和勇氣繼續前進；你自己放棄了，成功自然不會主動來找你。

何小芹是一個很內向的人，不善言談，也不喜歡社交，為人有些自卑。大學畢業後，她一直沒有找到適合的工作，成天在家裡待著，父母雖然沒說些什麼，但是她自己也覺得很不好意思，思前想後，她覺得自己還是和朋友做一些小生意更好，這樣的日子雖然很乏味，而且收入不高，但是卻很穩定，而且能夠保障自己的生活。於是，她決定和自己的另一個好朋友開服裝店。朋友建議兩人去市區裡面開一家大一點的店面，這樣不僅貨源有保證，而且城市裡的消費水準高，前來消費的客戶也多。可是小芹覺得這樣做有些冒險，畢竟成本太大了，而且城市裡競爭壓力也大，而她自己根本沒有什麼存款，都是從父母那裡借來的錢，她可不想一下子全都拿出去冒險。

朋友卻堅稱自己曾經做過市場調查，發現同行業中的大部分店鋪都有很大的盈利空間，而且自己所選的店面周圍並沒有什麼強勢的競爭對手，這樣一來生存的空間就很大。朋友還覺得一個人如果想要生存得更好，就要有更長遠的目標，要有更高的追求，把自己局限在一個小城市裡，終究做不成什麼大事。朋友苦口婆心地勸導一番，小芹還是害怕，覺得自己有沒有能力管好店面暫且不說，就是那些潛在的風險自己也難以承擔。她擔心這又擔心那，最終還是覺得在城市裡開店比較穩妥。兩個人就這樣爭論著僵持不下，最後朋友還是作了讓步，不過她提出等經營狀況好轉一些，賺了一些錢之後，兩人再考慮一下將店鋪轉移到市區裡去，小芹欣然同意。

店面開張並穩定下來之後，兩個人很快又有意見分歧。朋友見市場還行，就建議進口一些上等衣服，認為店鋪要中低上等相結合，這樣才能吸引到不同類型不同層次的顧客。可是小芹認為上等服裝太費成本，而且不一定會有人買，所以不值得冒險。這一次兩個人不但沒能達成共識，反而吵了起來。其實，朋友經過幾個月的觀察，漸漸發現小芹這個人做事猶豫不果斷，缺乏自信，總是前怕狼後怕虎，而且為人沒有什麼大志向和想法，一切都只要求穩當就好。朋友覺得和這樣的人做生意很難有更大的突破，也很難把生意做大，自己也會被限制在狹小的發展空間裡，而且長久下去，一定會被市場淘汰。考慮了幾天，朋友最終還是提出了要退股，小芹一時沒了主見只能同意。朋友走後，小芹一下子就沒有了依靠，無論做什麼都不放心，無論做什麼都畏手畏腳，沒過多久，生意就開始下滑。此時，她沒有任何勇氣把店面維持下去，於是也只好關門歇業。

顯然，一個內心不強大、沒有自信、性格懦弱的老實人，他所走的每一步都將會是如履薄冰，都會像是踩在沼澤地裡，無論做什麼都不如意，而且無論做什麼都沒有一個規畫，沒有一個很好的想法，有些人甚至沒有任何想法，也不敢有任何想法，不敢邁出一步，總是把問題看得太嚴重，把困難看得太多，把危險看得太大，結果也只會把自己看得太輕，把自己的能力看得更小，由此錯失大好機會。

心強大了，外在的困難也就變得弱小；心強大了，意志才會更加堅定，目標才會更加明確，所走的每一步才會更加堅決。所以，做人自信是必須要有的。

自信的人首先要擁有一個高遠的理想。缺乏自信心的人往往不敢去想，甚至沒有勇氣去想那些更高更好的東西，他們只懂得安於現狀。有理想就證明了你的內心有所追求，證明你是一個自信的人。「心有多大，你的舞臺就有多大」，有理想，你才能去奮鬥，才不會畏懼困難，從而勇往直前。

當然，光有理想還不夠。每個人都可能會去想，但是不一定每個人都敢去做。想和做是兩個不同的概念，但是想和做也要統一起來，要不然就是說大話、說空話。你想要獲得什麼，就要努力去爭取，就要懂得不氣餒、不退縮、不認輸、不放棄，只要還有一線機會，就要盡量去拼。光想不做，只會讓你畏首畏尾，畏縮不前，而敢想敢做，勇於實際行動，才能真正讓你自信，讓你的內心變得強大。

想要提高自信心，就需要在生活中去強化去鍛鍊，可以嘗試一些保持自信的生活小訣竅，比如保持微笑。自信首先要求我們有一個健康樂觀的心態，需要我們有更強的抗壓能力，而經常保持微笑有助於我們排解苦悶，保持好的心情，更加冷靜地分析問題。微笑是自我心靈安慰的良藥，是激勵我們努力奮鬥的良藥。笑著面對困難，笑著面對挑戰，哪怕面對失敗，哪怕下臺離場，我們也要面帶笑容，只有這樣我們在下一次才可以面帶微笑地重新走回來。

比對手更可怕的是我們自己，比失敗更可怕的是我們的脆弱。一個人一旦喪失鬥志、退縮膽怯、主動放棄，那麼即便他機會再好，能力再強，也只是外強中乾。相反地，一個人如果內心強大、自信滿滿，那麼即便有更多更大的困難擋在眼前，也會毫不畏懼，也會面對挑戰。輸贏不在天道，只在人心，內心強大了，人才能真正強大起來。

▼ 5. 別太記仇，得饒人處且饒人

當別人不小心冒犯了你，你會做出何種反應呢？當別人對你產生了誤解，你會怎麼做？當雙方的矛盾激化之後，你會做出怎樣的決定？如何維護好自己的權益，用何種辦法來維護自己的權益，這往往是一個問題。而問題的本質在於，你想要怎樣去解決雙方之間發生的那些不愉快，如何更圓滿地解決自己所受到的不公待遇，換句話說，你是主張還擊和報復，還是決定退讓一步息事寧人。不同的人會有不同的答案和選擇，而不同的選擇又會造成不一樣的結果和影響。

有些人很記仇，總是對別人造成的傷害念念不忘。殊不知越是記仇的人，越是想要置人死地的人，往往越會讓自己活得很痛苦。基督教徒索倫·奧比·齊克果（Søren Aabye Kierkegaard）曾經說過：「不要拿別人的錯誤來懲罰自己。」記仇和復仇就是一種自我懲罰，因為當你殫精竭慮地想著如何對付別人，如何為自己報仇雪恨的時候，實際上是對自己的折磨，你耗費巨大的精力來準備這些事，你成天都活在痛苦和憤怒之中，這對身心都是巨大的損害。很多時候，復仇會進一步激化矛盾，會加深雙方之間的忿恨，這樣實際上是把自己推向了更加危險的境地，於人於己都很不利。

鍾宇和張弛原先是某私人公司的銷售人員，後來鍾宇因為犯了錯被公司趕了出來，而張弛則是因為待遇問題而主動辭職。之後沒想到兩個人又到了同一家公司上班，兩個人的關係一下子就拉近了許多。但是在一次聚會上，鍾宇一不小心說出了張弛的一件糗事，結果惹得張弛大動肝火。其實，鍾宇並非有意，只是一時口快才透露了這件事，他也立刻道歉了。但張弛認為鍾宇是有意讓自己難堪，而鍾宇則覺得這不過是個無心的玩笑而已，何必那麼當真呢？

兩個人於是爭吵起來，不歡而散，且就此結下了梁子。而張弛一心想要找回面子，想要報復鍾宇當初給他的羞辱，就處處尋找機會等待最好的時機報仇。幾個月之後，公司裡決定提拔新人，而鍾宇在所有候選人當中是最被看好的，結果在大家投票的時候，張弛明目張膽地投了反對票，他還在會場上揭露了鍾宇在前公司工作期間犯下的一些錯，他認為這樣的人根本不適合管理別人。

因為張弛的故意搗亂，鍾宇最後的得票率竟然最低，這讓鍾宇非常生氣，他不明白為什麼張弛要如此對他。再說了，過去的事情已經過去了，他意識到自己的錯誤也接受了懲罰，可是今天在這樣的場合再次提出來實在很傷人。張弛這時才說出了幾個月前被他侮辱的事情，鍾宇幾乎都忘了這件事，他萬萬沒想到對方會如此記仇，心裡很不是滋味。

破壞了鍾宇的好事後，張弛大出了胸中的一口惡氣，而且他覺得，這下鍾宇再也沒有臉面留在公司裡了，這一招幾乎將鍾宇逼上了絕路。的確，因為這件事，主管們也開始對鍾宇另眼相看，不過公司需要那些有經驗有能力的人才，而且鍾宇平時表現也不錯，所以公司決定把他留下觀察一段時間看看。結果沒想到鍾宇很快就在一次重要的商務談判中立下大功，從而重新獲得了主管的賞識。主管於是派人調查了鍾宇當年犯錯的情況，覺得那件事雖然做錯了但還有一些隱情，而且他也相信這些年鍾宇已經改正過來了，於是就讓鍾宇擔任自己的祕書。這一下，鍾宇很快又翻了身，他覺得公司裡不應該存在張弛那樣的小人，於是就利用手裡的關係將他開除了。

如果張弛在一開始就懂得放下，懂得退讓一步，懂得保留一點餘地和面子給對方，饒恕對方的錯誤，那麼事情也許早就得到圓滿的解決，而且對方也會因為他的寬宏大量而感恩戴德，既不會再和他發生衝突，更不會有後來的舉動。可見做人不能太絕，老實一點沒有錯，凡事要留一點退路給別人，要懂得寬容地對待他人犯下的錯，正如某唐朝詩人所說：「沉舟側畔千帆過，病樹前頭萬木春。奪命長陽封喉劍，得饒人處且饒人。」

退一步則天廣地寬，讓一招則柳暗花明，很多時候事情並沒有想像中的那樣棘手，只要你懂得禮讓於人，留下一條退路給別人，那麼衝突和矛盾自然可以很快消弭掉。如果你記仇尋仇，事事都要爭一口氣，那麼事情只會鬧大，衝突只會更新，雙方所受到的傷害就會更多更大。你需要明白一點，無論你採取什麼樣的舉動，其目的都是為了解決問題，保護好自己的利益不輕易被人傷害，所以你的出發點也應該是自我保護才對。可是如果你大動干戈，不給別人臺階下，那麼情勢只會對你更加不利。可見，你的魯莽舉動和憤怒心情往往是和自己的出發點背道而馳的。你惹怒了自己也惹怒了別人，這只會產生讓所有人都不痛快的結果，那麼這種行為理所當然也是錯誤的。

如果要更加理智地看待問題，更加睿智更加深刻地對待衝突，那麼就應該把問題看得更遠，把後果考慮得更加周到，就應該以一種更加平和的心態來面對那些傷害你的人和事，不要太過計較一時的榮辱得失。你爭回了一口氣，一點面子，可能會失去更多，那樣就太得不償失了。

另外，一個睚眥必報的人往往會不得人心。他周邊的朋友會漸漸疏遠他，因為朋友之間也難免會發生摩擦，他那樣記仇，會讓別人很難堪，會影響到雙方之間的關係，而且他的斤斤計較會讓人覺得他不是一個大度的人，為人比較自私，把自己看得高於一切，所以也就不值得信任。

其實每個人都會有犯錯的時候，每個人都可能在無意中得罪別人，我們沒有必要把問題看得太極端，沒有必要總是劍拔弩張。吃了虧，我們沒有必要總是伺機尋求報復，更不能在得意之時仗勢欺負曾經傷害你的人。因為誰能料到他日不會風水輪流轉，等對方起勢而你落魄時，對方也一定會加以報復，將你當成眼中釘肉中刺來對待。有時寬恕別人其實就是在替自己的生活保駕護航。在一些事上，你能夠寬容別人，能夠放下所謂的仇恨，一笑而過，不予追究，那麼相信對方也會對你產生愧疚之心，原有的矛盾和誤會也就可能迎刃而解。

做人不能太過情緒化，不要把問題看得太嚴重，更不能把一時的矛盾和誤會當成對立衝突來處置。當問題出現時，當衝突出現時，我們真的需要認真想一想，自己憤怒之後會帶來怎樣的後果。做人不妨放開一些，不妨淡定一些寬容一些，不要讓那些不開心的事破壞了自己的心情，不要讓那些無關痛癢的誤會迷惑了自己的心智。

▼ 6. 最忌諱的就是苟且偷安

很多時候人們都喜歡耍小聰明，喜歡苟且偷安，因為這樣做往往見效快，很快就能帶來收益和好處。不過，就拿耍小聰明來說，從古至今，喜歡這樣做的人基本上都沒有什麼出色的人生，很多人甚至因此吃了大虧。孟嘗君從秦國逃出來，那些雞鳴狗盜的食客固然幫了不少忙，但是真正決定他能夠死裡逃生的還是那條獻金賄賂的計謀。這也就是說儘管孟嘗君門下食客三千，但真正有大用的人很少，因為他們都有小聰明卻沒有大的智慧。又比如《水滸傳》中的鼓上蚤時遷，偷東西最在行，耍小聰明也當仁不讓，他可以偷來雁翎圈金甲，可以爬上鐘鼓樓吹響進攻的號角，也算有勇有謀，但是卻挑不了大梁。而且他在水泊梁山上的地位很低，幾乎排在最末端，而整個梁山還得由宋江、吳用那樣有智慧的人來管理。同樣的，苟且偷安的「聰明人」往往也沒有什麼好的發展前途。

一個人要有些「不老實」，就是說要有智慧，但這智慧不是苟且偷安。苟且偷安至多只能解一時之困，帶來一時的小利益和滿足，卻終究上不了檯面，我們沒有辦法用它來謀求生存大計。只有真正有智慧的人才能在社會中尋求到更好的發展機會，才能在紛繁複雜的社會環境中立足。

喜歡苟且偷安的人辦事不踏實，工作中總是好逸惡勞，一遇到事情，就找諸多藉口逃避職責，不是自己身體不舒服，就是臨時有其他的事要做，能少做的盡量少做，能不做的盡量不做，要麼乾脆將任務重新分配一番，想辦法讓別人多幹一些，自己少幹一些。把重活累活往別人身上推，自己專揀那些清閒無事的工作，偶爾還要抱怨自己接了個苦差事，以便為自己的偷懶掩飾一番。至於工作成果，他們自然每次都當仁不讓，總是要搶在別人面前，把功勞和好處盡量往自己身上沾，自己在一旁專門撿便宜，甚至坐享其成，而一旦出現問題，又三十六計走為上策，把所有的責任都推給別人，把所有的過失都推給別人，把自己身上的問題推得一乾二淨。

這種人未必算得上是大奸大惡之人，但是往往偷懶，愛耍小聰明，能不做的盡量賴掉，喜歡不勞而獲，喜歡走歪門邪道去爭取自己的利益，所以常常使用一些非常規的小把戲。同時他們為人又比較自私，有福自己獨享，有難讓別人去擔當。他們與人相交時，不是去挖掘人脈關係，不是為了結交朋友，而總是想著如何在別人身上動腦筋，如何利用別人。這種人待人不真誠，為人不誠懇，心機太重，私利心也很重，往往讓人厭惡，會被人防備和疏遠，因為別人都不願意相信這種只想著別人吃虧而自己獲利的人。所以，這種人的人際關係一般都不好，沒有什麼朋友，真心的朋友更是說不上。

老梁做人很會「精打細算」，從來都不會讓自己吃虧，無論做什麼事情，他都是能少出力氣就盡量少出力氣，能不出力氣就盡量不出力氣，一遇到什麼事情，就總是想著法子偷一會兒懶，盡挑輕鬆的活做。大家在廠房一起工作的時候，他不是頻繁上廁所就是吸根菸，常常做了不到兩分鐘就要變著花樣休息一會兒，結果別人都做得滿頭大汗，他卻優哉游哉，等到事情差不多快完成時，他才挽起袖子做做樣子。為了掩人耳目，害怕別人說他偷懶，他總是在廠房裡走來走去，這裡看看那兒看看，在別人看來，他似乎很忙，然而事實上他什麼也不做，就是裝裝樣子，偶爾動動手腳也是慢吞吞的，想著辦法少做一點。

而且老梁仗著自己是老員工，常常喜歡擅自平攤任務。可是他所謂的均攤任務實際上只是讓不同的人做不同的活，有人搬運貨物，有人負責打掃環境。所以，每次別人都在搬運貨物，凡是重活累活他都堅決地推給別人，那些清閒的事情，他就主動搶著去做。同事們對他這種占小便宜的習慣非常不滿，因為大家平時都在一起上班，而且老梁是個老員工了，大家也就不好意思當面說他，不過私底下，同事們都盡量避免和他一起做事，以防止自己總是吃虧。

有一次，公司準備囤積一批貨物，於是決定將第三號倉庫騰出空間來，將裡面的貨物暫時放進第四號倉庫中去。第三號倉庫原先是雜物間，東西特別多，所以清理任務很繁重。這時候老梁就打起了小算盤，他決定故意遲到一兩個小時，等到別人把倉庫清理得差不多了再行動，他覺得少了自己一個猜想別人也不會發現。可是這一次大家事先早就商量好了，每個人都均攤任務，誰也不能偷懶。其實大家就是擔心老梁又要耍賴，所以才故意這樣商量好的。

老梁一直等到下午四點鐘才慢吞吞地去倉庫，到那裡時，他發現雜物已經搬運得差不多了，心裡很高興，可是沒想到等他準備幹活時，大家都紛紛離開了。老梁看著角落裡還有一小堆雜物在呢，於是就叫住他們，說活沒幹完怎麼就走了呢。大家衝著他笑了笑，接著就把任務分配的事情說了出來，說這是按照老梁當初的任務均攤這個規則來辦的。老梁一聽頓時傻了眼，可是他又不好意思說什麼，他正想辦法拉住幾個人幫自己幹點活時，大家都紛紛向他揮手告別，蜂擁似地全部都跑開了。老梁那天一直幹到晚上八點鐘，弄得是腰痠背痛，心裡後悔不已，早知道自己就不遲到了。

做人應該老老實實本本分分，完全憑藉自己的真本事吃飯，完全靠汗水和努力取得成功，而不要老想著讓別人吃虧，不要總是想著從別人的口袋掏糧食來糊自己的口。每個人的所得都是與他的付出成正比的，你不懂得努力，不想付出，那麼你所能得到的也必定會比別人的更少。如果你想著走捷徑，希望讓別人幫自己多做點，而自己卻反過來能夠多分點，能夠少承擔一點責任，那麼相信沒有人會那麼笨上你的當。也許你可以占一回兩回的小便宜，但是時間久了，大家必定會對你嚴加防範，必定會將你當成好吃懶做苟且偷安的小人看待。

苟且偷安的人唯利是圖但目光短淺，凡事只看重眼前利益，而沒有作更長遠的打算。做人不要太狡滑了，不要總想著算計別人，不要總想著如何獲得更多的小便宜，否則就會為別人所不齒，別人不會願意與這種人交往。你可能占得了一時的便宜，但是卻不可能永遠都能夠在別人身上撈到好處。所以做人還是要老實安分一點，為人處事要講技巧，要講究謀略，但那是大技巧大謀略，是一種生存智慧，你把它當成小聰明來使，效果自然會有天壤之別。

第七章

別做啞巴吃悶虧，也別想方設法撈便宜

▼ 1. 你不去犯人並不能阻擋別人來犯你

多數時候，我們都信奉「人不犯我，我不犯人」的做人原則，並由此引申出了一種固定思維：深信只要自己沒有影響到別人的生活，只要自己沒有主動招惹別人，就能夠明哲保身，就可以置身事外。我們覺得這個世界應該遵循一些最基本的準則和道理，如果真像我們所想的那樣，那麼這個世界就能夠避免爭執、避免衝突對立，甚至戰爭也就不會發生了。但現實並非如此，因為這個世界有利益的存在，而有了利益就會存在慾望，有了慾望就會發生衝突，所以即便你不去招惹別人，別人也可能會主動前來侵犯你的利益。這個世界往往不按理想中的規則執行，你不去惹事，別人照樣要來惹你，你就是想避也避不了。

無緣無故被人侵犯利益，平白無故吃了虧，事後可能會覺得自己很無辜，甚至感覺到滿腹委屈。像這樣很多時候我們又只會自認倒楣，完全想不明白為何有人要和我們過不去。但很少有人會無緣無故地和別人過不去。你不妨試想一下，別人為什麼不找他人的碴，而專門找你的碴呢？那麼這其中一定有隱情。一方面很可能就是對方覺得你比較軟弱無能，覺得可以隨便欺負你。因為這樣的人總喜歡欺負弱小，以欺負那些軟弱的人來獲得自我滿足，或者希望從弱者身上搶奪資源，用武力和威嚴來藉機敲詐一筆。事實上，這種人往往欺軟怕硬，他們永遠都只會在那些沒有反抗能力的弱者身上動腦筋。另一方面大概就是利益糾葛了。表面上看你們彼此之間無仇無怨，也沒有發生過任何衝突，甚至於你們只是第一次見面，按道理說不應該有過節，但是事情往往沒有那麼簡單，表面上看不見並不代表你們之間沒有利益上的糾葛，換句話來說對方可能想要從你身上獲得部分利益。所以你不要太老實、太單純，凡事都要有所防備，不要等到吃虧了才懂得維護自己的利益。

說到底，做人還是要堅強一些，如果你的能力不夠，你的威嚴不夠，內心太軟弱了，平時無法在別人面前展示出自己的肌肉，不懂得表現出強勢的一面，當對方了解了你的弱點之後，自然可以明目張膽地挑釁和欺負你。你覺得對方是沒事找事，但真正地問題在於你自己有一顆脆弱的心，你沒有反抗能力，更缺乏反抗意識，這樣你當然也就注定要吃虧。

很多時候你寧願自己吃一次虧也不願意為此惹上麻煩，但問題是現在麻煩已經惹上你了，想逃避也逃避不了，想擺脫也沒法擺脫。有些事情可以讓步，有些虧可以去吃，但是如果你在毫無徵兆的情況下吃虧還能假裝不聞不問，那麼下一次對方可能還會找上門來，或許還有更多類似於意外的麻煩出現。

楊銳是一家小超市的老闆，他做生意只求安安穩穩過日子，所以一切以和為貴，從來都不會和顧客鬧矛盾，更不會和同行起衝突。為了防止和別人搶生意，他還故意選擇了一個較偏僻的地方開超市。他一直認為只要不去外面惹是生非，那麼自己就不會被人欺負。但是最近他遇到一件煩心事。有天早上，他上街買菜回來，在路口處遇到了一個年輕人，結果對方無緣無故就上前推了他一把，還用手指著他的鼻子警告說讓他以後小心一點。楊銳被這突如其來的事件嚇壞了，半天也沒反應過來。回家之後，他坐下來認真回憶剛才那個年輕人，覺得自己根本就不認識他，因為一點印象也沒有，所以他覺得對方有可能是認錯人了。

沒想到幾天之後，楊銳又在路口碰到了這個年輕人，對方這次更加明目張膽，竟然聲稱如果楊銳不離開這裡，就要好好教訓一下他，見一次打一次。楊銳看著對方離去的背影，都不知道自己該怎麼辦才好。自己並未對別人怎麼樣，可對方怎麼就三番兩次地找自己的麻煩？他實在想不明白為什麼有人會和自己過不去，自己究竟哪裡得罪他人了。

後來，楊銳在街尾的超市外面偶然見到了這個年輕人，這時他才明白過來，原來對方可能覺得自己開超市礙著他的生意了。可問題是，兩家超市相隔那麼遠，根本就不存在所謂的搶生意啊，而且楊銳也從來沒有對那家超市有任何不敬，雙方更是沒有發生過衝突。他很納悶的是自己一直都在本本分分做人，從來沒想過去招惹別人，更是小心謹慎地避免和人起衝突，可是為什麼別人會主動來找他的麻煩，為什麼有人還要無事生非？他根本就想不明白，心裡更是一肚子的怨氣和委屈。

確實，不一定非要是你得罪人家，人家才會上門鬧事，很多時候，麻煩是會主動找上門來的。這個世界有一個定律是永遠不會改變的，那就是權力總是集中在高層的少數人手中，財富總是被少數富人占有，資源往往被有實力的人和機構壟斷。財富的累積都是強者從弱者身上搶奪剝削來的，他們為了得到利益就會主動去侵犯弱者。弱者守不住原本該屬於自己的財富和資源，很多時候，不是其能力不夠，而是其害怕去拼搶，總是很軟弱。商品的價格由別人來定，談判的底線由別人來定，利潤分紅由別人來定，職位高低由別人來定，你習慣了吃虧，習慣了被人當成砧板上的魚肉，所以別人就可以大搖大擺地從你身邊帶走一切。你的吃虧精神並不會被人接納，你的軟弱也不會博得別人的同情，相反他們只會在你的傷口上再多咬一口。

總而言之，不要總是覺得自己不惹是生非，不得罪他人，自己就不會被人侵犯。做人不要太老實、太單純，不要把問題看得太簡單，不能太軟弱，你的軟弱只會讓你成為別人練槍的靶子。要知道，只要存在利益，只要存在實力差距，那麼強者注定會從弱者那裡搶奪更多的資源，這就是生存的法則。你如果很軟弱，只會吃悶虧，那麼一切倒楣不幸的事就都可能在你身上發生，你的生活中就總會發生主動找上門的事端。如果你很強勢，很強大，至少不輕易吃虧，不輕易屈服，那麼別人自然就不敢輕易去惹你。

2. 在言而無信的人面前，何必言而有信

生活中，我們常常會面臨各種信用上的挑戰，某一天答應和你結婚的另一半在結婚的前幾天突然向你攤牌說不結婚了；你買到房子後突然發現開發商許諾的綠化和基礎設施一下子消失了；你的老闆答應讓你加薪，可是月底你連多餘的一分錢也沒見到；你託付朋友辦的事情，在得到完美的搭應之後就了無音訊了；當你去維修店維修產品時，會發現所謂的保固期根本就是糊弄大眾的謊言……。生活到處都有出爾反爾的人，到處都有這樣或那樣前後不一致的事，那麼你會如何對待這些出爾反爾不守信用的人呢？中國歷史上的兩位「打假」分子可能會給我們一些提示。

春秋戰國時期，齊襄公派大將軍連稱、管至父前往葵丘戍邊。臨行前，兩位將軍問齊襄公自己究竟何時才可以回來。當時，正是西瓜成熟的季節，齊襄公正大口大口地吃著西瓜，於是許諾兩位將軍：「等明年吃西瓜的時候，寡人一定派人接替你們。」兩位將軍於是欣然領命。

一年之後，齊襄公早就忘了自己的諾言，連稱和管至父見遲遲沒人來接替自己，於是就派人給齊襄公送去一個西瓜以示提醒。齊襄公看見西瓜之後火冒三丈，於是對那個送西瓜的人說：「他們兩人想要回來，就再等一年瓜熟吧！」齊襄公出爾反爾，如此不守信用，這讓兩位將軍非常不

滿，可是又不好說些什麼。齊襄公偶爾送口信過來，讓兩位將軍好好為國效力，兩個人表面上滿口答應，表現出自己的忠誠，但是後來卻發動叛亂，並殺死了齊襄公。

言而無信的人往往反覆無常、口是心非，表面上對你百依百順，暗地裡卻總是打著自己的小算盤。這種人不講信用，也沒有什麼責任心，根本不可能真正把別人的事情放在心上，不可能真正去考慮別人的利益。所以對這樣的人，你就不要那麼老實，要盡量表現得聰明謹慎一些，沒有必要去信任他，也沒有必要和他談論信任，適當的時候，還可以略施懲罰給予警告。

對於不守信用的小人，「以其人之道，還治其人之身」往往很有必要。對方如何對待你，你也可以如何去對待他，這是很公平的方式。如果一味遷就和不了了之，那麼對方就會以為你很好欺負，就會更加變本加利地辜負你的信任。只有讓他們自己也嘗一下被人騙的滋味，他們才可能會真正了解被騙的人內心的痛楚，才能夠明白對別人不守信用，別人往往也不會對他守信用。

韓立一直以來都在做物流生意，認識的人也多，合作的人也很多，韓立對每一個人都是真誠相待，因為他覺得要想做好生意就要先做好人，人際關係弄好了，這樣才能更好地合作。有一次，他經朋友介紹認識了韓是成，因為同姓，而且韓立覺得對方為人還算不錯，所以很快就聊開，成為了朋友。之後，韓立決定和對方一起合夥做生意，而且他手頭有一個大專案，現在唯一的不足就是資金問題，只要資金能夠到位，那麼這筆生意就能夠完成。

面對韓立合夥做生意的請求，韓是成有些猶豫、顧忌，他擔心自己會虧損，而且兩人畢竟是第一次合作。不過韓是成還是答應借給韓立一大筆錢投資，這樣也算彌補了雙方沒能合作的缺憾。其實韓立原先想要和對方一同賺錢，不過對方既然有所顧忌，他也不好強求什麼，關鍵是如今資金有了保障，他就可以和別人順利洽談業務了，所以他打從心裡很感激韓是成，而且決定日後賺錢了一定還給對方很高的利息。

可是當韓立和客戶簽訂好合作後，韓是成卻出爾反爾，通知韓立說朋友遇到了一點急事，把自己的錢借走了，。韓立聽了就很著急，畢竟事情已經到了這一步，如果資金不到位，自己就無法順利完成那麼大的專案，賺不到錢還是小事，弄不好就會因為違背合約而支付鉅額的違約金。所以韓立再三請求韓是成能否先把錢借給他，結果韓是成故意很為難地告訴他，手頭已經沒有錢可借了，他讓韓立自己想辦法找別人借錢。對方兩三句話就把借錢的事推得乾乾淨淨，這讓韓立很氣惱，當初要不是對方同意借錢，自己就不會如此冒險地和別人合作，現在對方竟然不守信用，這可害苦了自己。

韓立一下子就陷入到困境之中，為了防止違約情況的發生，他只能硬著頭皮去借高利貸，結果後來承包專案所賺的錢幾乎全部用來還高利貸的鉅額利息了。不過經過這件事，他也認清了韓是成的真面目，儘管對方曾經假惺惺地打電話來道歉，但是韓立已經不再信任對方了，兩個人之間的來往也少了許多。

幾個月後，有一天韓是成突然打電話給韓立，說是讓韓立幫忙找一個客戶，因為他自己手上有一批貨物急需脫手，否則就要砸在自己手裡了。韓是成認為韓立做生意那麼多年，一定認識很多這方面的客戶，所以他以朋友的身分請韓立幫忙。韓立也不推辭，立刻就豪爽地答應下來，而且告訴對方這事一定會辦成，別說一個客戶，就是四五個客戶也沒問題。韓是成聽到韓立做了這樣的保證，心裡十分高興，連忙千恩萬謝。

可是韓立壓根就沒想過要幫忙，他只是對上次的事情耿耿於懷，所以決定也讓對方嘗一嘗被騙的滋味。接著一連好幾天，他都沒有任何動靜，每天都是在家休息。韓是成見韓立一直沒回電給自己，心裡很是著急，而且現在他的貨物再不出手，就只能作報廢品處理了，於是就打電話催一下韓立，看看事情是否已經辦妥了。沒想到電話那頭竟然傳來「客戶一個沒找到」的壞消息，韓是成一下子就感覺到自己被人耍了，可是聯想起自己曾經先失信於人，他這次也只能無奈地認栽。

大文豪歐諾黑．德．巴爾札克（Honoré de Balzac）曾經說過：「遵守諾言就像保衛榮譽一樣。」一個人視自己的榮譽和尊嚴如兒戲一般，視別人的利益如兒戲一般，那麼別人反過來也一定會視他如兒戲一般。你如何去對待別人，那麼別人往往也會如何來對待你。

有些人會覺得，別人守不守信是他們自己的事，但自己一定要按原則辦事，不能夠犯下和別人一樣的錯誤，不能做同樣卑劣的事情；有些人覺得自己做小人才做的事不僅無聊，而且還有損自己的身分和威望。有這樣的想法，證明這樣的人的確是有君子風度的人，但是做人也不要總是那麼老實，太過拘泥於那些社會規範的原則和禮節。對待君子，你當然應該要用君子的禮法，而對待小人，那麼偶爾用一下小人的伎倆也無妨。

有位哲學家說過：「沒有適當地處罰小人，那就是對他們可恥行為的縱容。」你自己吃暗虧，對那些欺騙自己的人和事不了了之，確實能顯示出你的大度和寬容，但是你是否想過，他今天對你不守信用，難保他日不會再次欺騙你。也許你自己多長了個心眼，會主動去疏遠這些小人，但是他們可能會去騙別人，可能會在別人身上故技重施，你的大度可能會助長他們的囂張氣焰，所以對於這種人最直接有效的辦法就是給他一點教訓。

借用電影《英雄本色》中的一句臺詞：「我要爭一口氣，不是要證明我比別人了不起，我只是要告訴人家，失去的東西我一定要拿回來。」做人要剛強，適當地以牙還牙，以眼還眼，給對方一個教訓，不僅能夠表明自己的態度和勇氣，而且可以壓制和糾正對方身上的不良習性。你應該明確地給那些出爾反爾的人一個訊號，告訴他們：你不是輕易就好欺負的人；也要告訴他們：多行不義必自斃，你如何欺騙別人，別人他日也會如何來欺騙你。

在言而無信的人面前，千萬不可太老實，太過示弱，尤其是在那些欺騙傷害你的人面前，更應該保持堅強的一面，更應該讓對方覺得你不是一個老老實實任人隨意欺騙的對象，偶爾作出反擊，讓對方感覺到你的殺傷力。

3. 有能力也別淨想著謀私利

有些人認為自己能力出眾，就應該得到更多的東西，至於其他不是他們該考慮的。所以有錢的人只想著自己如何賺大錢，而不去想著造福於人，不去想著從事慈善事業；當官的將全部的聰明才智都用到如何升遷上面，而沒有想著為百姓做實事；工作的人成天想著加薪的事情，而沒有想過如何為公司創造更大的收益。

人有能力為自己謀私利沒錯，但也要「老實」一點，懂得為別人謀福利，因為自己能夠為別人著想，那麼最終受益的肯定還會是你自己。富人捐錢捐款是奉獻愛心，但實際上也為他自己贏得了好名聲，以後做生意自然順暢多了。官員多做實事業績自然會有所提高，多為民做主就自然會受到人民的愛戴和尊敬，這樣才能平步青雲。至於工作的人，你要是為公司創造更多收益，公司給予你的回報自然也就更多。

古人說有能力的人要心懷天下，兼濟天下。我們不一定要有這樣遠大的志向，但是做人一定不能太自私自利，一定要有大局思維。很多時候，我們要想想自己的朋友、同事，自己周邊的人，想一想自己的未來，要懂得創造最大的效益，要主動追求利益最大化，這就是博弈的價值。

眾所周知，賽車手參賽時往往按照隊伍的總成績來計分，個人的成績反而在其次，如果團隊積分不高，一個賽車手每次開得最快也沒有什麼實際意義。所以賽車時，隊員不能為了自己出風頭而棄隊友不顧，甚至放棄團隊合作。踢足球打籃球也是如此，球員只顧自我表現，只顧著讓自己成為焦點，而不考慮整個團隊，那麼即便他一個人的資料再出色，表現再突出，也無濟於事。因為如果球隊一直在輸球，那些重大的獎項也最終會與他絕緣。

柳坤和湯柄如都是公司裡最頂尖的人才，深受重用。某次公司決定派兩人出差辦公，接受一個重要的任務。為了防止出現差錯，公司特意讓兩個人一起合作，增加成功的希望，同時公司也希望借這個機會來觀察一下兩人到底誰才更加出色，誰才更適合被提拔。

兩個人的能力都很出眾，但是想法和性格迥異。湯柄如的父親原先是某工廠的老員工，一直兢兢業業地工作了四十年，湯柄如深受父親影響，是個忠厚之人，始終把公司的事情當成自己的事情來看待，只要是公司的任務，他就一定會努力完成。他總是把公司的利益放在首位，而且他覺得只有公司發展起來了，自己才能有更好的發展平臺。相比湯柄如，柳坤更加現實一些，他從來都不像湯柄如這麼想，他覺得一個人努力工作就是為了讓自己生活得好一些，至於公司如何發展，那不是自己應該考慮的問題。他覺得這次出差辦公是一次證明自己能力比對方強的好機會，只要在這次工作任務中表現得比對方好，那麼自己就很有可能升遷加薪。

正因為如此，在這次合作過程中，柳坤完全把對方當成了競爭對手，總是想辦法和對方作對，根本沒有主動和對方交流，所謂的合作根本談不上，至於團結更是沒有。湯柄如了解柳坤的為人，所以也並不計較，但是他希望對方能夠以大局為重，一切都要顧全公司的發展，畢竟這次的任務很艱鉅，困難很大，如果兩個人不能團結一致，那麼成功的希望就會很小，要是彼此之間互為掣肘，那麼成功的機會就一點都不可能存在了。不過柳坤卻不這麼認為，他覺得一個人就能完成這項工作，現在的問題就是看看誰能做得更好。

由於柳坤的不合作態度，兩個人的工作進展非常緩慢，雖然最後勉強完成了任務，但是卻也增加了公司更多的成本。而公司經過一段時間的觀察，發現柳坤的能力的確更強一些，想法往往也更有創意，但是他為人太過自私，往往不能顧全大局，無論自己做什麼都不會率先考慮到公司的發展，只要自己有利可圖，只要自己能夠得到更多的好處，他就根本不會考慮其他方面，甚至會不擇手段。這顯然不是公司希望看到的事情，所以他們最後決定提拔凡事以公司為重的湯柄如。

做人即便很有能力，也不能太自私自利，否則這樣不僅會影響你和別人之間的關係，而且你的自私往往也會扯自己的後腿。要知道的是，我們的家庭、組織、團隊，這些都和我們緊密相連，我們的發展、我們的利益都要建立在它們之上，只有創造一個好的環境，只有對它們做出貢獻，我們所得的利益才會最大化，我們才能在雙贏中獲得自己想要的東西。如果你只看重自己的那一部分，只一味追求自己的利益，不顧大局不顧別人的感受，那麼你就一定會被別人孤立起來，別人就會對你失去信任，也不再願意把機會留給你，這樣你的能力實際上就被貶低了，你存在的價值也就被貶低了，不僅浪費了你的能力，最終你還很可能會一無所有。

有能力原本是一件好事，是我們得以生存和發展的巨大優勢，不過好鋼要用在刀刃上才能發揮最大的價值，把自己的聰明才智用在一些自私自利的小事情上，那只是一種占小便宜的小詭計、小聰明，根本沒有辦法替自己帶來真正的好處。做人要看得更高更遠一些，也要看得更全面一些，不要為眼前的一些小利益動心，也不要將自己的利益看得太重，為人老實一點，懂得收斂一點，哪怕吃點虧也無所謂，這沒什麼不好。有得必有失，你有能力收穫更多的東西，有能力從弱者手中搶奪到更多東西，有能力拋開團隊不顧只去表現一個更好的自己，但是有一天你也會失去這些東西，甚至是比你所得的東西還要多，比如你的財富，你的朋友，你的信譽，還有你的道德。

所以做人還是要懂得替別人考慮，要懂得從大局出發，要有長遠的眼光，要掌握最基本的生活法則。能力很重要但並不是最重要的，懂得如何好好處事，懂得如何好好利用自身的優勢，這樣你才能獲得更多。

▼ 4. 吃一時之虧，贏一世之利

香港首富李嘉誠堪稱商界的奇蹟，有關他成功致富的祕訣，或許我們可以從他對兒子李澤楷的忠告中窺探一些。有一次他和兒子談到如何做生意時，鄭重地告誡兒子說：「我和別人合作，如果拿七分合理八分也可以，那麼我只拿六分就可以了。」正因為李嘉誠做人吃得起虧，所以大家都願意和他做生意，所以他才能把自己的事業做大，才能成為華人的傳奇。他的兒子李澤楷如今也被扶上位成為他的得力助手，甚至在他的支持下開始獨當一面。而他也深得父親的真傳，在生意場上，能夠掌握吃虧的要領，所以贏得「小超人」的稱號。

他們都是能吃虧並吃得起虧的人，結果一時的吃虧成就了他們輝煌的事業和人生，他們所收穫的價值遠遠高出自己所吃的虧。真正有眼光有追求的人，根本不會計較一時得失，不會在意一時的虧損，不在意自己是否吃虧，甚至還主動去吃虧。他們雖老老實實地埋頭做自己的事，但卻能著眼於未來更多更大的利益，具備幹大事的氣度和智慧。但是生活中很多人都害怕吃虧，甚至還常常想著從別人那裡多占一些小便宜，凡事都要去爭去搶，根本容不得失去一點利益，容不得輸掉半分。這種人目光短淺，總是吃不起眼前虧，看事情想問題太膚淺，根本不會做長遠打算，又喜歡意氣用事，結果很容易讓自己陷入危機。

林浩天是一名很有經驗的水果販賣商，為了保證貨源的充足，為了保證品質，他常常親自深入農村和水果種植基地去挑選和收購產品。為了能使生意更長久地發展下去，他支付給農戶的價格往往要比其他販賣商更高一些，因此大家也都願意和他合作。他的妻子曾經對此頗有微詞，認為按照同行們制定的標準價格收購就可以了，犯不著故意吃虧。林浩天笑著說：「如果我們和別人出一樣的價錢，那麼農戶們就不一定會把東西賣給我們。」這一番話讓妻子無言以對。

為了爭取農戶的信任，林浩天每次都讓農戶自己秤斤兩，他從來不過問，只要水果一裝好，他就直接付錢。不過妻子很快在收購水果時發現一個很蹊蹺的事情，剛剛收購的水果拿回去秤重，重量竟然輕了不少。她逐一試驗，發現很多水果籃中的水果都比事先要求的重量要輕，事實上她花一斤水果的錢只買了九兩的水果。這下子她再也忍不住了，決定去找那些農戶理論，林浩天了解情況後，攔住了妻子，他擔心妻子這樣魯莽地興師問罪會讓雙方的合作關係蒙上陰影。但是如果憋在肚子裡吃暗虧，當然也不行，別人還會以為自己人傻好欺負呢，下一次農戶們可能會變本加厲。左右為難之際，林浩天就想了一個辦法，他將所有的農戶都召集起來，然後當眾承諾說，如果大家的農產品品質非常好的話，那麼一斤重的水果可以按一斤一的價錢來收購。

這番話一說出口，農戶心裡都有數了，他們都覺得自己以前打的小算盤實在太不道地了，沒想到對方不僅沒追究，反而還開出這樣高的價格，他們自己開始顯得有些難為情了。看見林浩天為人真誠，能吃虧且不計較，農戶們都自覺地改變了以前的做法，不再做一些偷斤減兩的小動作，而且還把品質最好的水果賣給他。林浩天一下子就贏得了農戶的尊重和信任，接著很快就壟斷了當地的水果供應市場。

能吃虧的人總是更能高瞻遠矚，不會將自己的眼光局限在眼前，局限在某一個狹小的空間裡。而且從另一方面來說，能吃虧的人更能夠獲取別人的信任，更能夠抓住人心，所以別人也更加願意創造機會給他們。而那些喜歡斤斤計較、喜歡算計、半點虧也吃不得的人，做人做事太絕，很容易就將自己的路堵死，人生之路只會越走越狹隘。越是害怕吃虧的人反而越是容易吃虧，而越是能吃虧的人，往往越能夠成就大事。從這點來說，做人不妨老實一點，能吃點虧，主動去吃虧。

第一，當自己和別人發生正面衝突時，不要因為面子問題而寸步不讓。凡事都看開一些，對方想要先走，你就先退在一旁；對方想要先取，你就不妨讓他先取。做人不要斤斤計較，能讓則讓，偶爾自己吃點虧退讓一步，留下一條路給對方，也是留下一條路給自己，這樣就能夠為自己帶來更廣闊的生存空間。

第二，與人分享利益。當你獲得利益時，不要總是想著自己獨吞，很多時候應該懂得和別人分享，哪怕是你的對手，你也要大大方方地和他們分享利益。你能夠取利三分就不妨留人一分，這樣就能皆大歡喜。為了更長遠的目標，應該懂得放長線釣大魚，這說得難聽點叫做收買人心，說得實在點叫做感情投資。

第三，自己傷害不大，不妨一笑置之。人與人相處，難免會磕磕碰碰，當別人無意中傷害你，占你小便宜，但這些對你並無大礙時，你不妨大度地寬容對方，不要生氣憤怒，更不能輕易就去記仇。很多時候，小衝突能免則免，能忍則忍，盡量讓彼此都能夠冷靜地處理好那些小問題，盡量不要讓矛盾激化。

吃虧也是一門大學問，每個人都對吃虧有不同的理解，但無論如何，做人都必須「莫為浮雲遮望眼，風物長宜放眼量」，凡事要看得更遠一些，必要的時候不妨主動吃點虧。吃一時之虧，往往能夠抓住更多的利益；適當的時候不妨故意輸別人一手，殊不知你輸掉一時，卻可能贏得一世。要轉變思維，不要總是把吃虧當成倒楣的事，更不要當成災禍來對待，而要善於把吃虧當成一種投資，當成一次發展機會，眼前雖然付出了一些成本，但是來日方長，你的收益會更加可觀。

▼ 5. 搞清楚哪些虧能吃，哪些虧不能吃

都說吃虧是福，但是並不是所有的吃虧都是福，弄不好就可能是大禍。不是所有的虧都可以去吃，也並不是所有的虧都能讓人吃得起，有些虧會讓人吃不了兜著走。那麼哪些虧我們可以吃，而哪些虧又最好別吃呢？一般來說吃虧有一些標準，小虧可以吃，不對自己造成太大影響的虧可以吃，不會產生不利連鎖反應的虧可以吃。別人從你這占點小便宜，你可以不聞不問；別人不經意間得罪你了，你可以不追究、不責罰；別人當眾反駁你，你也可以一笑置之；別人吃你一寸，你可以就勢退讓半尺。這些都無關緊要，都是在你可承受範圍之內的虧，不僅不會對你造成多大傷害，反而可能會讓你受到諸多裨益。

這就是說吃虧要有限度，有一個界限，更要有底線。不能總是吃虧，更不能去吃大虧，超過了那個界限和底線，就超過了自己的承受範圍，這時你就要懂得及時捍衛自己的權益，不能讓別人繼續侵犯和傷害自己。一般來說，這個界限就是吃虧的傷害程度不能太大，吃虧的後繼影響不能太深，不能讓自己一下子就被壓垮。做人就像彈簧，要有足夠的彈性，吃虧也要講究彈性，你不能因為太老實而一下子被人壓斷彈簧，所以你在吃虧時一定要掌握好承受的力度，一定要掌握好利益的臨界點。

韓楓是一家公司的中階主管，因為為人真誠，而且能力出眾，深受老闆的器重，有時就是犯了小錯誤，老闆也根本不會在意，也不會責罵。因為在老闆面前吃得開，他將自己的一個同鄉小張也安排到公司跑業務。韓楓與小張是從小玩到大的朋友，兩個人的感情很深，現在兩個人在同一家公司上班，韓楓自然處處要為小張遮風避雨。正因為如此，平時有什麼事，他都會照顧著小張，完全像個大哥哥一樣，全力替對方扛著。有時候，小張做錯了事情擔心受罰，韓楓就會把責任攬到自己身上，認為是自己沒有管理好對方，他甚至還經常把小張的錯誤記到自己頭上。因為他明白自己做錯了至多被人非議幾句，而且別人也不敢嚴厲指責，至於老闆那裡就更加不會有什麼大問題，而小張作為一個新人，難免會受到很重的懲處，弄不好還會被開除。所以權衡利弊之後，他往往選擇自己吃點虧，替小張遮掩著，而且他希望自己這樣做能促使小張上進一些。

對於韓楓的行為，小張並沒有很感激，反而覺得是理所當然。其實小張原本就不是專業型的人才，對業務並不是很熟悉，完全是靠韓楓的關係才進入這家公司的。因此，他很容易出現差錯，不過因為韓楓在這裡幫他頂著，他根本就覺得沒有擔心和害怕的必要，也並沒有意識到自己經常犯錯會惹來什麼大麻煩。正因為如此，他辦事還是一如既往地不謹慎，結果在一次業務談判中，他自作主張開出了優厚的大條件給客戶，而這讓公司蒙受了巨大的損失。

主管很快知道了這件事，然後決定嚴懲小張。小張知道後非常害怕，於是就找上韓楓，希望他能夠幫忙向主管求求情。這次，韓楓又將過錯承擔了下來，他告訴主管說一切都是自己的主意和命令，小張只是按照自己的要求辦事罷了。其實，韓楓並沒有預料到這件事的嚴重性，他覺得自己主動扛下來，至多也只是扣掉獎金罷了，可是沒想到主管一怒之下竟然將他開除了，這時，韓楓才後悔莫及。

吃虧要有限度，我們要分清場合，要看準時間，也要看清對象，即什麼場合、什麼時間、面對什麼人你可以吃虧，而什麼場合、什麼時間、什麼人你又不能吃虧。有些重要的場合可能會影響你一生的命運，這時一定要好好把握住，千萬不能有什麼紕漏，更不能隨意被人擺布，甘心吃虧，無論如何都要努力去爭取。吃虧也要抓住時機，時機不對，就不要去吃虧，否則會後患無窮。有些人天生就喜歡占小便宜，就喜歡恃強凌弱，你越是軟弱，對方就越是打壓你，有些人則很貪婪，你越是讓步，他就越是得寸進尺。對於這些人，你一定要拿出強硬的姿態，堅決不能示弱吃虧，否則你吃了第一次虧，就必定會有第二次第三次，你的軟弱很容易激發他們內心貪占便宜的慾望。

做人一定要明白有些虧你是不能去吃的，而且你也吃不起，貿然地認定吃虧是福，只會讓自己蒙受巨大的損失，只會讓自己遭受更大的傷害。具體來說，以下幾種虧最好避而遠之。

首先，不要輕易替別人犯下的錯誤買單，也就是說不要替別人背黑鍋。替人背黑鍋會對你造成利益上的損害，你做錯了事情必定會受到懲罰，但更加嚴重的是輿論上的譴責，這往往會使你的錯誤被放大，使你的名聲受到很大的損害，這對一個人的長遠發展來說，非常不利。

其次，不要吃那些莫名的虧。一個人可以吃虧，但是必須要做到心中有數，那些莫名奇妙的虧能免則免。我們不能被別人蒙在鼓裡，了解真相可以讓我們防止受到更大的傷害，避免下次再上當受騙。

再者，接二連三的虧不要去吃。事不過三，任何事情都必須做到適可而止，當別人一而再再而三地侵犯你的人身權益時，你沒有必要再保持老實的姿態，沒有必要也不應該再去當沉默的羔羊。面對這樣得寸進尺的對手，你一定要強勢地站出來說「不」。一味忍讓只會讓自己越來越被動，只會讓事情越來越複雜。你不再吃這個虧，反而能夠斷絕後顧之憂。

最後，自己承受不了的虧不要去吃。每個人都有自己的能力承受範圍，有些東西是你負擔不了的，那麼你就千萬不要去吃這個虧，更不能主動去吃這樣的虧。想當老好人也要先横量一下自己，如果你承受不了吃虧帶來的衝擊，承受不住吃虧造成的傷害，那麼這個老好人還是不要輕易去做。

每個人都是趨吉避凶的，對自己有利的事情，我們可以去做，對自己有傷害的事情就要盡量避免去接觸。有些虧能帶來利益，你可以嘗試著去吃；有些虧則隱藏著巨大的危機，那麼你千萬要慎之又慎。做人要做對自己有把握的事情，一旦超出自己的能力承受範圍，超出自我承受的底線，你就要避而遠之，否則好事辦不成，反而會後患無窮。

6. 享樂享樂，享光了後世之樂

很多人認為，人活一輩子，埋頭苦幹是過一輩子，享樂尋歡也是過一輩子，為什麼不痛痛快快享樂呢？像那樣每天都老老實實地過日子，實在太吃虧了，還不如讓自己舒舒服服地享盡人間的各種美好生活，「人生得意須盡歡，莫使金樽空對月」。他們覺得做人要精明一些，吃虧受罪的事情讓別人去做，自己在一旁享福就行了。

奉行享樂主義的人一般都比較好逸惡勞，辦事不踏實，天生就害怕工作，排斥辛勤的工作，在他們的眼裡根本沒有勞動、辛苦、打拚這些字眼。正因為如此，無論做什麼事，他們都會盡量想辦法讓自己更加輕鬆愜意一些，從來不會踏踏實實地工作，只喜歡走捷徑，喜歡想一些不切合實際的事情，所以往往也容易走上歪路去獲取不正當的利益。

另外，喜歡享樂的人往往只注重眼前，沒有長遠的眼光，一般都愛貪圖一時的利益，凡事注重一時的快活，至於今後的路怎麼走，至於今後會出現什麼狀況，他們根本不會去考慮，是典型的「今朝有酒今朝醉，明日愁來明日憂」。他們追求的是短暫的快樂，只要眼前不吃虧就行。

正因為喜歡尋求眼前的刺激，所以他們常常奉行拜金主義。但凡喜歡享樂的人，都把錢看得很重，都把自己的利益看得很重，為了錢總是不擇手段。這樣以享受為生活目的他們，所謂的奮鬥也都不過是為私利，凡事都以自己的利益為首，根本不顧及別人的感受。為了達到目的，他們會自覺不自覺地讓別人為自己的幸福買單，甚至常常把自己的幸福建立在別人的痛苦之上。

他們還處處精明算計，凡事都不吃虧，對他們而言，自己的一切才是最重要的，自己想得到的東西就容不得退讓，更沒有吃虧的必要。所以在平時，他們也喜歡打小算盤，凡是重活累活和危險的活都喜歡讓別人去幹，自己則安安心心地在一旁享受生活，在一旁撿現成的好處和利益，屬於「別人種樹，自己乘涼」這一類型的人。

此外，奉行享樂主義的人把利益看得高於一切，為了利益他們可能會出賣任何人，一味追求利益，在不擇手段地追求享樂生活的時候，必然會造成極大的財富浪費，這使原本就緊張的社會資源更加緊張。這樣一來，他們與他人之間也必然會更加容易產生摩擦和矛盾，所以很少有人會願意相信他們，也很少有人願意和他們真心相處。一個人越是只圖自己享樂，人際關係就可能越是糟糕，而別人就可能越是要對他不利。

江文濤在一家很不錯的公司上班，但他是個喜歡享受生活的人，他理想中的生活就是天天吃喝玩樂，什麼也不用做。當然為了維持基本生活，他還是要去上班工作，而這簡直讓他痛苦不堪，雖然不用做什麼重活累活，可是他每天上班都像受刑一樣。正因為這樣，每次別人都在那裡認真工作，他基本上什麼也不幹，要麼就嚼著口香糖，要麼就想辦法偷偷摸摸看電影，總是想著辦法替自己找樂子，看上去比主管還要清閒。

你別看他工作的時候無精打采，處處找藉口，可是一下了班整個人就像打了興奮劑一樣，每次都立刻衝到附近的餐廳和酒吧裡，而且每天晚上一定要玩到十一、二點才肯回家休息。而週末和國定假日，他更是瘋狂地享受，不是出去旅遊就是參加聚會。正因為享受慣了，他根本沒有什麼心思工作上班，有時候實在不想上班了，就乾脆直接請假不去公司，而且經常一請就是好幾天。

有一次，江文濤的一個朋友來找他，兩個人相約去酒吧喝酒，江文濤一開始還覺得自己這個月請假的次數太多了，想有意收斂一些，可是一聽說還有幾個朋友也會一起去聚會，他的心裡一下子就沸騰了，這樣的場合怎麼能錯過，而且這樣的場合又怎麼能缺少他呢？所以他很乾脆地答應下來，接著就毫無顧忌地打了個電話給主管，說自己正在醫院看病。而且江文濤早就算準了主管會檢查，他就隨便在醫院裡開了幾包藥，然後開了個證明。

那一天江文濤都和朋友們在酒吧裡玩樂，一直玩到晚上十點才散夥，江文濤還覺得意猶未盡。正當江文濤踉踉蹌蹌地走出酒吧，就遇上了下班剛好經過那裡的主管。結果可想而知，主管當場臉就黑了。其實對江文濤平時的工作表現，主管就對他很不滿了，有很多同事還向領主管反應過江文濤喜歡苟且偷安，原先主管覺得這些都是小事，可是這一次的欺騙行為使主管徹底失去了耐心。所以第二天，主管就當著所有職員的面宣布開除江文濤。喜歡享樂的江文濤失去了一份好工作，再也沒有什麼心思也沒有財力去享受了。

很多人覺得奉行享樂主義能讓自己的生活更快樂，這種想法顯然扭曲了生命的真諦和人生的價值。偉大的科學家阿爾柏特·愛因斯坦（Albert Einstein）曾經批評過享樂主義：「照亮我的道路，並且不斷給我新的勇氣去愉快地正視生活的理想，是善、美和真。我從來不把安逸和快樂看作是生活目的本身……，這種倫理基礎，我叫它豬欄的理想。」如果把享樂當成生活的最終目的，把享樂當成幸福的泉源，那麼這種幸福不要也罷，何況它往往無法長久。

從表面上看，享樂主義者的生活的確很滋潤，也很快樂，但是他終究無法擁有真正美好的生活。古往今來，還很少聽說有誰完全在享樂中過完一生的，因為但凡貪圖安逸、貪圖享樂的人往往不得善終，最終落得個悽慘的下場。享樂只是帶來一時的刺激和美好感受，但是從長遠發展來說，它卻是一劑殺人的毒藥。都說生於憂患，死於安樂，一味享樂，這樣的生活根本維持不了多久，因為任何的享樂都可能會麻痺自己，會消磨人的意志和進取心，這樣人就永遠都不可能獲得進步。另外，過分享樂會使自己喪失最基本的警戒心，喪失憂患意識，這樣人就無法去發現生活中那些潛在的威脅，無法去防備那些災難。

做人要樹立正確的價值觀，要改變自己浮躁虛榮的心態，別老是不那麼老實；也要改變自己物質至上私利至上的思想，不要總是想著去享受眼前的物質生活，不要總是把自己的利益看得高於一切；應該看得更加長遠一些，不要只貪圖一時的利益，不要過分滿足自己的慾望。生活終究是一輩子的事，生活中的快樂幸福也應該是一輩子的，你現在就將所有的快樂幸福揮霍一空，將來必定無福可享。你越是貪圖享樂，越是自私地追求利益，那麼最終就可能會失去所有的一切。

▼ 7. 做事有分寸，既要利己也要利人

在世上生活，我們總是千方百計地想要獲得利益，想要滿足自己的慾望，而躲避那些災害和對自己不利的東西。但是我們趨利的行為往往會對別人造成影響，甚至很可能使別人的利益受到損害，這就是說一個人的利益獲取往往會傷害別人的利益。有一個專有的名詞，叫作「零和賽局」，簡單來說就是一方所得的利益和另一方所虧損的利益相當。

之所以出現「零和賽局」，就是因為我們每一個人都想要從別人手上獲得利益。這往往會加速人與人之間的衝突，因為你的成功就意味著別人的失敗，你的幸福就意味著別人的不幸。基於這一點，每個人都會盡量讓自己的情況更好，而這樣就會讓對方的情況變得更壞，相互之間的競爭很可能演變成為對立和仇視，從而使矛盾不斷激化。但事實上這種狀態也不是不可以改變，因為一個人只要做事有分寸，不太不老實，生存和發展就不會非要以犧牲別人的利益為代價，個人的發展就可以建立在不傷害任何人的基礎上，在獲得利益的時候甚至也可以幫助他人獲得利益，而這顯然是雙方之間最好的平衡狀態，也是彼此都願意見到的情況。

小何是個失業工人，為了維持生計，他就打算出來擺路邊攤，賣點水果之類的東西。可是他一連找了很多地方都沒有找到合適的攤位，要麼就

是別人嫌他會搶生意而拒絕挪讓一個位置給他，要麼就是位置太偏僻，根本不會有什麼人來光顧。小何是個忠厚之人，也不願意和別人鬧矛盾，更不會在別人背後說三道四，他覺得既然大家都是出來討生活的，那麼別人害怕他搶生意也在情理之中。可是因為生活所迫，他又不得不謀一條生路，而擺攤正好適合他這種沒什麼技術能力，也沒有多少知識的人。

既想著要擺攤，又擔心和別人起衝突，這讓小何覺得很糾結。不過有一次他在夜市裡看見很多人宵夜吃燒烤，吃完後總是喜歡喝點啤酒，或者吃點水果，這種情景一下子就讓他受到了啟發，於是他很快打起了賣燒烤的主意，並且在第一時間買好了燒烤的器具。為了做好生意，他還專門抽出時間學了一下燒烤。一切就緒之後，他又遇到了攤位的難題，自己租店面肯定是租不起了，而擺攤也要選個好位置。經過一段時間的考慮，他決定找那些賣水果的人借個攤位，哪怕花錢也行。可是一開始大家還處處阻礙他，就連那些平時比較熟的人也覺得小何在旁邊擺燒烤攤位油煙重，會妨礙他們做生意，而且他們還認為小何一旦把攤位擺在這裡，那麼勢必就要拉走許多顧客。

小何於是向大家解釋說自己賣燒烤根本不會干擾別家的生意，而且還能吸引到更多的人，更重要的是那些客人吃完了燒烤就一定會想著吃點水果。有個賣水果的攤主覺得小何的話似乎有些道理，有點動心了，於是半信半疑地讓出了一小塊地方給小何。小何每天晚上都到這裡擺攤賣燒烤，每次都一下子就吸引到了大批人，小何自己不僅賺到了錢，而且也間接地帶動了周邊水果攤的生意。有些人賣了一天的水果也沒賣出多少，但是每天晚上一會兒功夫就能夠銷售一空，不僅省了時間，而且賺得也比以前多了。大家都紛紛改變自己原來的敵視態度，對小何在這賣燒烤非常感激，一些人也開始主動讓出地方，以讓小何擺下更多的桌子，招攬更多的顧客。

從人際關係來說，實現雙贏的確是最佳狀態，你在得利的同時也別人帶給利益，那麼首先你的行為就不會受到別人的干擾，還會贏得大家的歡迎，這樣實際上就等於為自己創造了一個有利的發展環境。同時，你的所作所為還會拉近彼此之間的距離。你為別人帶來了收益，對方自然會對你表現出善意和敬意，不僅不會為難你，還容易成為你的幫手，因為對方明白只有保護好你的利益，他自己的利益才能得到保障，這樣實際上就等於將彼此之間的利益捆綁在一起了。

韓國三星公司（Samsung）在發展之初，就很有活力，而且很快制定了追趕超越日本索尼（Sony）的規畫。不過三星公司發展聲勢雖猛，可根基不穩，實力還不夠強勁，貿然和別人競爭，很容易被其他的大公司打壓下去。而索尼雖然一度是產業中的老大，但是當時正面臨內憂外患，發展遇到瓶頸，所以它一直覺得三星是個潛在的威脅。三星和索尼兩邊都各有優劣，如果兩強相爭，那麼結果對誰都沒好處，只會讓其他大公司占領市場，於是它們決定合作。這樣一來，索尼從三星這得到了新的活力，開始了復興之路，而三星在索尼這棵大樹的庇護下，不斷發展壯大，並最終成為了如今唯一一個敢挑戰蘋果公司的電子產品大廠。

如果我們每一次取得利益都要去傷害別人，那麼別人在取得利益時也會想辦法傷害我們，更重要的是，彼此之間一定會有摩擦，會有報復，這樣對雙方來說都不利，因為一旦出現鬥爭，彼此的風險就都會增加，付出的成本也都會相應增加，而所得到的利潤卻未必會有那麼多。

所以，在做事的時候，分寸要掌握好，老實一些，不要只考慮自己的利益，他人的利益也要考慮。而想要達到雙贏的目的，想要讓自己和別人同步獲利，那麼最直接的手段就是相互合作，把競爭關係轉為合作關係。其實，無論做什麼事，都沒有人願意吃虧，你不願意吃虧，別人同樣也不會願意，既然如此，我們為什麼不想個兩全其美的辦法，合作起來？對立則兩害，合作則兩利。彼此將原來的對立競爭關係演變成為合作關係，這種轉變實際上能極大地促進人與人的交流溝通，加強彼此之間的信任。合作了就能夠避免爭鬥帶來的傷害，就能夠在合作中各取所需，各自彌補自己的短處。

除了合作，我們還可以在生活中盡量更有人情味一些，凡事多替別人想一想，多給別人找一些利益點，讓對方也能實在地分享你的成果。比如和別人做生意的時候，如果自己有很大的盈餘，那麼就不妨多給你的客戶一些提成，多給供應商一些回扣。這樣一來你在獲利的同時，也給別人帶去了收益，不僅能增強他們的幹勁，還能促進相互之間的關係，讓合作得到加強。

損人不一定就利己，所以很多時候我們奉行利己不損人的準則，但是想要讓自己的行動更加出色，想要讓自己在環境中更加遊刃有餘，我們還需要提升自己的標準，盡量做到利己利人，因為即便我們沒有損害別人的利益，可能也會招來別人的嫉妒，從而帶給自己不必要的麻煩。只有盡量給別人一點好處，才能堵住悠悠之口，才能破除別人的嫉妒，才更有利於我們的生存和發展。

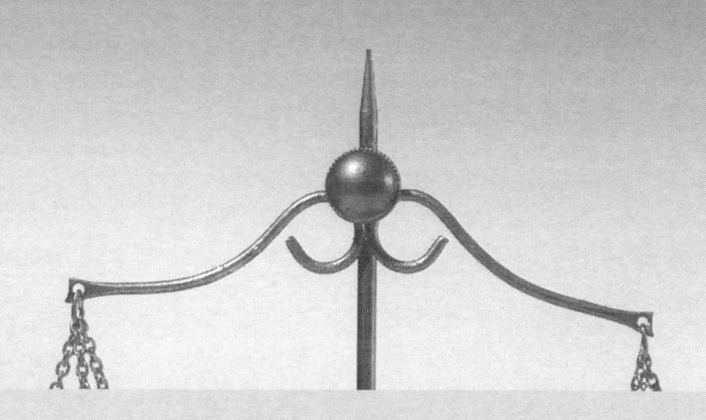

第八章

別被別人當棋子使，也別到處撥弄人

▼ 1. 世上總有一些人會被人當棋子操控

好心未必會有好報。你很善良，那麼你很有可能被人騙去賺錢；你很講義氣，別人就可能拉你去當炮灰；你很忠心，別人就有可能騙你去背黑鍋；你很重感情，很可能會被另一半當成玩物。如果你是個老實人，那麼就不要總是用你的眼睛去評判世間的善惡，因為這個世界到處都存在利益，有利益的地方就會有人爭取。總有一些人會想著利用別人，也總有一些老實人會因為不明事理而被別人利用。對社會了解得不夠，為人處世不夠精明，那麼這樣老實的你很有可能就是下一顆被人利用的棋子。

不要總是覺得這個世界很陰暗，但是也不能總是認為這個世界很光明，凡事還是應該留個心眼好一些。做好人也好，做老實人也罷，都要懂得保護自己，不能落入別人的圈套之中。很多時候，我們會被別人的情緒、言語影響，輕易就相信別人說的話，然後做出草率的判斷。然而衝動是魔鬼，如果你的情緒很容易被別人影響，那麼你就要當心自己可能會上當受騙，因為你的情緒一旦失控，對方就很有可能抓住你的心理，從而引導、操控你的思維和行動。所以，這時候你應該想辦法讓自己冷靜下來，要懂得克制自己的情緒。

當然，克制好情緒需要足夠理性，那就是無論別人說些什麼，你都要有一定的判斷力，要懂得理性地分析對方的話，而且凡事最好有點主見，不要別人說什麼就相信什麼。遇到事情，你要懂得多問幾個為什麼，為什麼對方無緣無故對你那麼好，為什麼事情會發生得那麼偶然，為什麼對方會來找你。多思考一下這些問題，會增強你的警戒心。而你在準備行動時，也一定要先了解事情的原因，一定要預估這件事可能會造成的結果，不能盲目就去做。

最近公司決定升遷員工，為了公平起見，公司擬定幾個名額後，決定由員工來推選。結果，各個職員、各個利益團體就開始了明裡暗裡的競爭。其中最有希望的兩個人是趙明和李群，這兩個人的業務能力最突出，而且辦事老練沉穩，在眾人眼中也很有威望。兩人都是最佳人選，不過名額只有一個，最終還是要在兩人之中挑選。為了能夠在選舉中脫穎而出，每個被提名的員工都在想辦法替自己拉票，同時也在想辦法讓自己獲得更多人的信任。

李群是個老實人，為人很正直，辦事也很踏實，只是不太喜歡說話，所以很多員工對他並不是很了解。相反地，趙明是眾多人選中最具人氣的，他平時就能言善道，而且見誰都客客氣氣，這幾天更是如此，為了拉更多的選票，他是見人就打招呼。更重要的是，他還故意找到了秦粵，主動套關係，因為他知道秦粵是個公認的老好人，老實忠厚，雖然工作能力不強，但是認識的人多，朋友也多，而且是辦公室裡資格算老一點的員工，很多人都認識他。為了擊敗勁敵，趙明故意對秦粵說李群已經到處在叫罵了，說是現在如果誰不投票給他李群，那麼他一旦日後得勢，就不會輕易放過任何人。

老實的秦粵一聽竟然會有這種事，心裡就覺得有氣，儘管他不太喜歡和人鬧矛盾，但還是覺得如果有人這樣做，就實在太不應該了，這種人怎麼能夠當主管呢？聽完趙明的話之後，秦粵當場就拍拍胸脯保證說自己一定會讓朋友和同事都把票投給趙明，這時候趙明反而故意推脫說：「這可不行，你把我趙明當什麼人了，我把這些情況告訴你，可不是為了讓你把票投給我的，你們原本該投給誰就投給誰。」見趙明這樣推脫，老實的秦粵更加堅定了要為他拉選票的決心。

選舉那天，秦粵讓自己的朋友都把票給了趙明，趙明最終險勝李群。幾天以後，秦粵和其他同事談起了李群的事，可是大家都說根本就沒聽到過李群叫囂拉選票的事情，他們還提醒秦粵很有可能是被人利用了，因為趙明這個人私底下就喜歡利用別人，心術不正。到了此刻，秦粵才發現自己竟然一直被對方蒙在鼓裡，一直被對方當成工具利用。不單單如此，為了掩人耳目，也為了遮醜，得勢的趙明很快想辦法趕走了秦粵。秦粵原先聽過勾踐、劉邦、朱元璋等人在登基稱帝後殺害功臣的故事，可是萬萬沒有想到現實生活中也會出現「飛鳥盡，良弓藏；狡兔死，走狗烹」的橋段，而且就發生在自己身上，心中悔恨不已，可是此時後悔已經太晚了。

做人要多去思考，要盡量謹慎一些，這是自我保護的必要手段之一。謹慎就要求我們要有識人的能力，要了解對方的為人，要明白對方的真正目的是什麼。如果你發現事情有蹊蹺，那麼就要及時脫身，以免被人抓住把柄或者落入陷阱。其實無論做什麼，無論面對誰，我們都要留一點心機，不要輕易相信別人，更要防著被人欺騙和迷惑，哪怕是那些最最親近的人，有時候也要掌握好交際的尺度，有些話不能說，就不要去說，有些事情不能做，就堅決不要插手。不要總是覺得你有義務去幫忙，不要總是覺得朋友之間什麼忙都應該去幫，要知道你把別人當朋友看，對方可能只是把你當成獲利的工具。

當然，並不是說只要你足夠精明，只要你足夠聰明，就可以避免被人利用，有時候你可能也是被逼無奈才被人利用。這時候，最關鍵的就是要讓自己的內心強大起來，要勇於向那些強權勢力挑戰，也許你會失敗，會遭到對方的報復，但是至少不會受人擺布。很多時候，我們並不甘心被人利用，總覺得被人利用不過是因為自己能力不夠，自己沒有什麼反抗力，或者是被形勢所逼。但事實上，如果我們足夠堅強的話，那麼別人就無法發現並抓住我們身上的弱點趁虛而入。如果自己的心沒有被人震懾住，那麼自己就不會輕易被人利用。

一個強大的自己並不意味著你可以不用害怕別人，相反地，強大的人更需要保護好自己，因為你的強大力量很可能被人利用。最常見的就是拉幫結派，任何利益的一方都會想辦法拉攏強手的，這時你的強大只會成為你的一種額外負擔，所以要切忌千萬不能輕易加入別人的利益纏鬥中去。一旦強大的你干涉了別人的矛盾和紛爭，你就會成為別人撐門面的工具。而且在紛繁複雜的鬥爭中，你很有可能會站錯位，要麼存在偏袒，要麼感情用事，這樣你的態度和情緒就很容易出現波動，就會出現一定的偏坦，而這種偏坦可能就會把你推入陷阱之中。

簡而言之，為人處事還是處處謹慎為好，不要總是用太單純的眼光來看待周邊的人和事，不要總是用老實人的思維來考慮問題。如果說這個世界懂得偽裝，那麼它針對的對象就是那種老實謹慎的人，因為這種人最容易上當。你絲毫沒有防備之心，那麼很有可能就會被人利用。

人生如棋局，當我們欣喜自己走了一步好棋時，或許自己正成為別人布局中的棋子。所以，我們要懂得布置自己的棋子去與人博弈，懂得掌握好每一步，能夠掌控大局。一時不慎就可能滿盤皆輸，這就需要我們為人要更加精明睿智一些，更重要的是，我們要保持清醒的頭腦，不要意氣用事，不要太老實。

2. 太老實的人是職場裡的「冤大頭」

職場是個複雜的江湖，人際關係猶如複雜的棋局，初進職場的新人一頭栽進去，不免有些戰戰兢兢，擔心出招無力，成為最無足輕重的那枚棋子。誰不想人見人愛，在同事之間遊刃有餘，在上司面前得到器重？誰不想闖出一番事業，在職場中贏得一席之地？於是，有人聽從長輩告誡，與人為善，樂於助人，少說話多做事，心存不滿也忍著，以為修練成埋頭苦幹的老實人就能在職場上獲得好人緣。可是，這樣往往也會事與願違，太老實的後果就是吃力不討好，日子也會越過越悲劇。

小簡從工作開始就謹記父母「好好做人」的教導，在公司裡對誰都笑臉相迎，一口一個「哥」、一個「姐」地叫得親暱；每天都比別人提早到辦公室，勤快地拖地板，幫同事的桌子清灰塵；看見有人忘了做哪件事，就替他著急，忙著提醒；主管安排的工作，他總是擔心這做不好那做不好，總要精益求精；有同事的策畫要的急，需要人幫忙，他馬上放下手頭的事情，熱情地去幫忙……。

別看他為大夥幫了不少忙，可在員工考核的時候，他的分數還是排在中游，可見他這個積極分子在同事間受歡迎的程度並不高；主管對他的印象也不深，只記得他做事磨蹭，平時表現沒什麼特別的，所以升遷也沒他的份；更讓他難過的是，明明他幫忙寫的策畫得到了主管的誇獎，可同事卻好像忘了他付出的勞力，連聲「謝謝」都沒說……。這些事兒，一件件壓在他心頭，他又不敢說出來，簡直憋得要內傷。

更悲劇的還在後頭，公司不景氣，要精簡組織，他們部門要被併入到別的部門，主管問：「有兩個人得離職，你們認為誰最符合條件？無記名投票！」小簡本以為自己這樣樂於助人的人是不會有離職之憂的，誰知道，投票結果一公布，其中之一就是他！離職的名單是經老闆審批的，老闆還說，這個結果很公平。小簡欲哭無淚，自己為什麼就這麼倒楣呢？他一直想好好做人，卻做得如此失敗！

小簡的遭遇，證明了職場並不如一般人想像的那般簡單。在利益面前，往往展現出人性的弱點。人，特別是職場中的人，絕大部分是為自己的利益而工作的。別以為在這個弱肉強食的職場裡，還有品格高尚、一心為公司為他人付出的人，以及接受了你的幫助就一定會回報你的人，即使有也是鳳毛麟角。這為職場新人敲響了警鐘：太老實的人是職場裡的「冤大頭」。

在職場中，你是不是太老實呢？做完下面的測試就知道了。

1. 你是在原則面前東倒西歪的「牆頭草」嗎？
2. 你是在同事出了狀況就及時出現的「救火隊員」嗎？
3. 你是不愛表達自己想法，一味埋頭工作的「悶葫蘆」嗎？
4. 你是在接受上級安排的工作時畏首畏尾，擔心做不好出錯的「軟骨頭」嗎？
5. 你是面對同事時從不表達真實想法，只一味說好話的「偽君子」嗎？
6. 你是被工作同化（Catabolism）了，一天到晚忙得像陀螺一樣的工作機器嗎？

如果你對照以上六個問題，認為自己有其中三種以上的症狀，那麼，你就是太老實的人了。

在同事心目中，太老實的人就是可以被人支配的對象，他們對待他會像對待一塊可憐巴巴的抹布一樣用過就扔，這最終讓太老實的人深感世態炎涼，無比失落。另外，人太老實，還會有各式各樣的後遺症，比如弄不清辦公室同事與上司間的關係，捲入派別鬥爭的漩渦成為犧牲品；和異性同事之間的關係過於密切，被指指點點；被不學無術、沒有能力的同事纏上，成為冤大頭……等等，結果，跌進了困局，很難爬出來。難道，這盤棋就此成為死局，再也不能改變了嗎？不，老實人也有改造的方法，透過改變自己的心理和行為模式，就可以在職場上殺出一條新路。這一改變可分三步走：

第一步，要清楚地意識到，職場沒有親密無間的朋友，同事之間首先是對手，要與同事保持一定的心理距離，這樣就可以坦然地向同事的種種要求說「不」了，可以主動地表達自己的立場了，可以有充裕的時間來做自己的份內事，工作效率就能大大提高，能高調地表現自己的才華了……。

第二步，來個職場大變身，做職場上的最佳第六人。最佳第六人在籃球場上指的是球隊裡最重要的一名替補隊員，他技術出眾而全面，能夠掌握全場動態，並發揮自身優勢，對決勝起著舉足輕重的作用。而太老實且老吃虧的人就可以根據因愛救火而熟悉工作領域的各個方面，來進一步提升自己，將熟悉的工作內容透過進修、鑽研而變得更為精通，從而成為工作上的多面手，在競爭中突出自己的優勢。

第三步，要為升官而奮鬥，在職場上找到最適合自己的位置。如果原公司已經不適合你的發展，老闆並不是個好老闆，那就換個地方，尋找適合自己發展的平臺。想贏得一個好位置，僅僅靠努力是不夠的，要以結果為導向，讓老闆看到你的業績。但業績好只能證明你是一個好士兵，卻未必能證明你是個好將領，所以你還要積極學習，勇於創新，不斷突破，以成為公司發展的領先者，這樣才能展現出你掌控局面的能力，你才有升遷的機會。

職場中，做人不是不要老實，但一定不要太老實，透過以上這些做法，改變自己，提升自己，這樣自己才不會成為職場中的「冤大頭」，才會在職場中有更好的發展。

▼ 3. 該得的要爭取，不該得的莫伸手

張藝謀導演的電影《滿城盡帶黃金甲》中，有這樣一句經典的臺詞：「天地萬物，朕賜給你，才是你的；朕不給你，你不能搶。」作為一國之君，自然有這樣的資格和霸氣說出這樣的話，而在現實生活中，我們所遇到的強權可能沒有這麼嚴重，用不著讓別人來支配自己的所得，對於自己想要而且應該能得到的東西，我們還是要不遺餘力地去爭取，因為這原本就是一個充滿競爭的社會，你不去爭取，別人根本不會可憐你施捨給你。當然，對於那些自己不應該去接觸的東西，則要保持慎重，不能輕易去觸碰；你試圖去爭去搶，最終可能也是一無所獲，而且還可能會惹禍上身。

首富郭台銘說做人要學習關羽，劉備給他的封賞，他全都接收了，不僅如此，他還和其他將領競爭，因為他覺得自己有能力拿到這些東西，而且也是自己應得的東西。但是曹操賜予他的重金珍寶、高官厚爵，他卻不貪圖一分一毫，因為這些東西不是他應得的，也不屬於他。君子愛財，取之有道，一個人喜歡財富、喜歡地位、喜歡名望，這些都無可厚非，但是該老實的時候一定要老實，一定要懂得用正當手段去獲得，懂得什麼東西該拿，什麼東西不該拿。

每個人都有自己的理想，都有自己想要獲得的東西，而且每個人都擁有追求這些東西的權利。馬斯洛認為人有五種層次需求，依次為生理需求、安全上的需求、情感和歸屬的需求、自我實現的需求。他認為每個人都在為自己的這些需求而努力，所以個體成長和發展的力量就是動機，就是我們需要去索取的目標。這種內在的動機實際上就是我們的基本慾望，是生存和生活的所需。我們不應該過度抹殺自己的慾念，有些我們應得的東西，我們既需要它，而且也有能力去得到它，那麼就沒有理由輕易放棄。對於那些可以爭取的東西，我們就不要太老實，不要事事都讓自己吃虧，事事都禮讓於人。

當然任何索求都要有一個分寸，我們拿自己應該拿的東西，而對於那些並不屬於自己或者自己不應該去得到的東西，我們就沒有必要那麼執著，也不應該那麼貪婪。事實上，我們對於那些得不到或者不能去擁有的東西總是表現出更大的興趣，因為它們總是能輕易滿足我們的求知慾和占有慾，總是能輕易勾起我們的野心，所以我們常常會覺得別人手裡的東西總是比自己的要好，別人擁有的東西對自己總是更加具有誘惑力，別人的飯菜總是更香，別人的生活總是更棒，別人的幸福總是更美好。但是別人的東西終究是別人的，不會屬於我們，我們也沒有必要去搶。那些不該得到的東西，我們注定是無法得到的，即便擁有了，恐怕也無福享受。就像你愛上了一個不該去愛的人一樣，即便你想方設法得到了這段感情，相信未來的生活也不會幸福，既然如此，不如趁早就斷絕自己的慾念。做人要懂得知足，追求自己該得的東西這就足夠了，無需去為那些不屬於自己的東西傷神費力，在努力爭取那些不該得的東西的時候，實際上就是在犯錯。你越是貪婪，就越有可能遭遇危險；你越是想要得到更多，就越有可能失去更多。

公司裡決定挑選一名出色的人才去參加商務談判，這對任何一個員工來說都是一次鍛鍊和表現自己的好機會，所以大家心裡都想要爭取這次機會。可是想歸想，很多人還是沒有膽量主動提出來，因為公司裡有一位非常善於談判的老職員陶蕭然，號稱「談判專家」，有這樣強大的競爭對手在，一般人根本就不可能獲得什麼機會。不過顏真卻並不這麼認為，他覺得自己是人，對方也是人，同樣是人，自己沒有理由就一定比別人差，所以他主動提出去參加談判。

當時大家都勸顏真不要自不量力地去和那位「談判專家」作對，那樣只會自取其辱。可是顏真根本就聽不進去，他不理解這些人為什麼那麼害怕陶蕭然，他覺得這是人人都有機會和權利去爭取的東西，自己為什麼一定要放棄呢？一不偷，二不搶，三不違反道德和原則，根本沒有必要故意退讓。正因為有這種初生之犢不畏虎的精神，顏真在面對這個強大的對手時，絲毫沒有怯場，反而激發出了他的鬥志和潛力，結果在比試中出人意料地擊敗了對方，成功爭取到了與客戶談判的機會。

經過這件事之後，顏真有了很大的自信，他覺得自己完全可以做得更好，也可以有更大的追求。有一次，他發現陶蕭然每次都能夠接到很多的訂單，都能夠接觸很多的客戶，心裡就很不服氣，憑什麼他陶蕭然可以獨占資源，其他人就只能到處喝西北風？他看不慣對方那種趾高氣昂的模樣，更何況對方還曾經是自己的手下敗將呢？正因為這樣，顏真決定向對方發起挑戰，決定搶奪對方的客戶，以證明自己並不比對方差。但是他根本不知道自己這樣做已經犯了大忌，再說了同是一個公司裡的人，怎麼能夠相互之間去搶生意和業務呢？說出去都很丟人，但是顏真根本顧不了那麼多，依然決定和對方搶客戶。

就這樣，顏真算是第二次和陶蕭然發生衝突，而且這一次頗具挑釁意味。陶蕭然因為上次的事情還耿耿於懷，沒想到對方這次再來挑釁，他心裡自然一肚子的火，所以這次毫不留情地進行了還擊。為了給顏真一點教訓，精明的陶蕭然竟然故意將公司談判的底線洩漏給了客戶，結果對公司的談判造成了很不好的影響。這時候，他乾脆向上級打小報告，說是顏真故意干擾自己的談判工作，甚至故意洩漏底線，公司調查之後發現顏真的確在接觸陶蕭然的客戶，所以也不加詳查，直接認定洩密者就是他。結果，好鬥的顏真遭人陷害被公司開除了。

生活的好與壞需要自己去創造，生活的深與淺需要自己去衡量，我們要按照自己的切實需求去創造生活，自己最需要什麼，自己最適合什麼，就努力去朝著這個方向奮鬥。至於那些與自己相隔甚遠的東西，還是遵循事實，按客觀規律辦事比較好。可以屬於自己的，那就盡量讓它歸屬自己；那些自己面對力不從心的，哪怕自己再執著也是白費力氣，那就放棄；那些不該屬於自己的，獲得了也會沒什麼用，就不要去拿。做人要有進取之心，但也要有自知之明，是你的東西，你不去取，那是你傻，不是你的東西卻硬要去拿，那就是你的無知。

▼ 4. 不要等吩咐，要主動去做點什麼

戴爾·卡內基（Dale Carnegie）曾經說過：「有兩種人將一事無成，一種是除非別人要他去做，否則，絕不會主動去做事的人；另一種則是即便別人要他去做，也做不好事的人。」很多時候，很多人都是被動的執行者，他們總是在想，自己只是別人僱來的員工，自己的職責就是聽從老闆的指令，老闆讓自己做什麼，自己就做什麼，其他的事情與自己無關，主動去做那就是吃虧了。這種員工實際上就是一種「按鈕式」的員工，老闆按一下開關，他們才會動，才會做，而一旦老闆沒有給出什麼指令，他們就不知所措了，要麼乾脆什麼也不做。這樣的員工往往都是老闆最討厭的人，老闆當然也就不會給他們更多的發展機會。

《致加西亞的信》（*A Message to Garcia*）中的那個送信人羅文接受了一項艱鉅的任務，就是將一封重要的信件送到古巴起義軍加西亞的手中，可是加西亞到底是誰、在哪裡，他根本就不知道，也不知道如何把信交給他。但是他從接受任務的那一刻起，就沒有再等待任何指示，而是主動去克服那些困難，並最終獲得成功。如果羅文每一個行動細節都需要接受上級的指示，每一次行動都要等待上級的命令，那麼他就不可能完成如此艱難的任務。他的成功不僅僅是因為他堅定的執行力，更重要的是他能夠充

分發揮自己的積極主動性。

事實上，無論哪個老闆都喜歡那些有很強積極主動性的員工，這樣的員工很多時候完全憑藉自我覺察就替公司完成很多工作，而不是非要等到老闆下達指令了才肯去做。好員工都善於察言觀色，都比較善解人意，總是能夠想到自己的老闆需要什麼，總是能夠在第一時間幫助老闆解決各種困擾。公司裡有句話：「等老闆發現問題的時候，一切可能都太晚了。」因為任何一個老闆都不可能顧及到公司的各個方面，公司總會存有一些盲點和漏洞，而這些老闆往往是最後知道的，那麼這時候，員工就應該去提醒或者主動幫他解決困難。

曉丹大學畢業後，直接去了某公司當實習生，主要工作就是幫老闆整理一下日常的檔案，聽取老闆的口述，記錄內容，然後拆閱一些信件，偶爾還做一些端茶遞水掃地的雜事。這樣的實習工作其實非常輕鬆，也很簡單，不過曉丹非常重視這樣的機會，所以也一直想要盡量表現得更加出色一些。為了把工作做得更加細緻一些，曉丹每次都將不同的檔案整理分類，這樣老闆檢視審閱起來就更加方便。另外，她發現老闆桌上的很多信件根本就沒空拆閱，最後都堆放在那裡，而且這些信件都不是什麼重要機密，所以她每次都事先拆閱開來自己看一遍，然後把其中有用的資訊記錄下來，寫進老闆每日的備忘錄中。一些有必要回覆的信件，她也盡量幫忙回覆，盡量不讓信件堆積下來。

其實這些工作根本就不是她應該做的，這些工作根本不在她的實習工作範圍之內，但她覺得自己有義務幫助老闆減輕一些負擔，所以那些沒有吩咐她做的事情，她也會盡量做好。正因為如此，老闆每次回到辦公室都發現桌面上很乾淨，所有的檔案信件都已經分好類，一些重要的資訊只需要看看備忘錄就知道了，而一些必須回的信件也都已經回覆了。看到這些事情不用吩咐下去，就有人代勞完成了，老闆每次都能省下不少時間和精力，自然非常高興。經過一段時間的觀察，老闆看到曉丹為人勤快，而且很機靈，辦事很有頭腦，一想起自己身邊正缺這樣一個得力的幫手，於是就直接將還處在實習期的曉丹任命為自己的祕書。

做人不要太老實，太死板，要機靈一點，但也不要狡滑。作為員工能夠理解主管之所想，能夠事先就幫助他們解除後顧之憂，這樣才能稱得上是老闆合格的左膀右臂，也才能夠贏得老闆的信任和重用。主動完成任務，主動去做老闆沒有吩咐的事情，這關乎一個人的責任心。如果你把在公司企業的工作當成自己的事業來看，那麼自然就能夠主動去做好那些工作，但是如果你只是一個拿錢才幹活的員工，那麼你就會是一個機械化的執行者，雖然算得上忠誠，但是絕對稱不上是敬業，更遑論擁有責任感了。

消極等待始終都是職場的大忌，也是做人的大忌，什麼都要去等待指令，自己卻沒有主見，這樣的工作方式和工作態度往往很難讓人滿意。做人要有積極性和主動性，不要總是等到別人下達命令才去執行，要知道，你不是一個機器，更不是死板的執行者。儘管同樣是在做事，但是主動和被動的效果常常會是天差地別。因為被動去做的人總會帶著一種消極的情緒，無論他多麼忠誠聽話，工作效率都不會太高，但是如果他能夠主動出擊，更積極地處理問題，那麼他的情緒首先會很高昂，工作態度會更好，工作效率會更高。

籃球巨星麥可．喬丹（Michael Jordan）曾經這樣區別自己和老隊友史考提．皮朋（Scottie Pippen），他認為皮朋是那種只要後面有狼追就會發起進攻的球員，而自己則是任何環境任何位置都會主動攻擊的人，並不會在意有沒有狼在後面追逐自己。正因為如此，皮朋只是個很好的團隊球員和執行者，而喬丹卻成為世界上最好的籃球運動員。可見，被動的人最多只是一個合格的執行者，而主動的人卻往往能夠證明自己真的用心在做，真的用心在關注別人的事情，而這往往會讓別人對他刮目相看，他等於為自己爭取到了一次自我表現的機會，同時也爭取到了別人的信任。

世界首富比爾蓋茲（Bill Gates）說：「一個好員工，應該是一個積極主動去做事，積極主動去提高自身技能的人。這樣的人，不必依靠強制手段去激發他的積極主動性。」所以，做人要懂得適時轉變自己的思想，做事情要更加主動積極一些，不要只做別人吩咐的事，更不要等別人吩咐了才去做事，要將「別人要我做」轉變成為「我要為別人去做」，只有這樣，才能夠將工作做得更加出色，也才能夠不斷提升自己的能力。成功要靠自己主動去把握，只有主動工作的人才更容易獲得成功。

▼ 5. 不怕被利用，就怕你沒用

大哲學家亞里斯多德（Aristotle）常常被自己的鄰居看不起，對方認為他只是一個徒有虛名的狂妄之人罷了。有一天，這個鄰居製造惡作劇騙了亞里斯多德便非常高興，四處宣揚說亞里斯多德只是個沒腦子的傻瓜罷了，簡直什麼也做不成，輕易就被他利用了。亞里斯多德的弟子將鄰居的話帶了回來，可是亞里斯多德聽了之後，並沒有很生氣，反而笑著說：「萬萬沒有想到我對他那樣的人還有利用價值，我還以為自己只能坐在這裡做做學問呢。」

很多時候，當我們發現自己被別人利用時，心中總會憤憤不平，覺得這是對自己的一種侮辱，但是我們從來不曾反過來看問題，不曾想過對方為什麼會利用我們，而不是利用別人。我們被別人利用的原因究竟是什麼呢？最基本的一條就是我們具備利用的價值，或者說我們的存在是有一定價值的，是一種社會需求，處在一種被需要的狀態，而這往往就是我們自身發展的優勢。我們每天上班工作，被老闆利用，我們的利用價值就在於能夠為老闆創造更多的經濟效益。我們平時的社交也是這樣，多數還是為了利益，這個社會的人際關係往往就是一張利益結成的大網。都說寧可選擇虎狼一樣的對手，也不要豬一樣的朋友。試想一下，如果你對別人沒有半點的用處，那麼誰會想到來和你交往，又有誰能夠利用你？你一點工作成績也沒有，一點可供剝削的剩餘價值也沒有，你的老闆自然不會僱用你，可以說你連一份像樣的工作也無法找到。

有個人在公司裡實習一段時間之後，迫切地希望公司能夠讓自己轉正加薪，可是很長一段時間過去，都沒有任何動靜。他感到非常失望，一方面覺得自己的能力還行，另一方面覺得自己的工作態度也不錯，勤奮地工作，可是過了那麼久公司就是沒幫他加薪。他向自己的好朋友抱怨，說公司擺明了是在利用他，是在榨取他的剩餘價值，和他一同進來的另一個實習生，薪資比他的還高一點，而且一天到晚什麼都不用做。他還說自己準備跳槽，朋友攔住他，勸他千萬不要衝動，不妨再等一等，看看情況。

一個月之後，和他一起進來的那個實習生被開除了，他心裡非常擔心，他的良好表現公司一直沒什麼反應，他覺得公司用不了多久也會像這樣利用完他之後就開除他，所以他覺得自己是時候離開了。於是他又打電話給朋友，和對方說自己準備辭職不做了，並怒氣沖沖地說自己絕對不會等著被人利用完，然後被人一腳踢出去。朋友沉默了一會兒，問他：「那個實習生被開除了，那你為什麼沒有被開除？」他回答說：「當然是因為我還有點利用價值，他們還想再剝削一點。」朋友於是說：「既然你還有利用價值，證明公司對你還是有些期望的，證明他們還需要你，否則早就開除你了，你為什麼不試著再待上一段時間，看看自己究竟有多少價值？」朋友的一席話，讓這個人沉默下來，他只好再次打消辭職的念頭。

又過了一個月，這個人再次打電話給朋友，說自己已經轉正了，而且直接升遷做了部門主管，他對朋友說了聲謝謝，要不是對方一直鼓勵，自己很有可能放棄了。朋友在電話那頭笑著說：「一個人有能力才會被利用，而有能力，你就有發展的機會。可見一個人被人利用沒什麼可怕的，你更應該害怕的是自己身上沒有什麼被人利用的價值。」

顯然，有時我們也一定要改變自己的某種生活態度，要主動承認並接受自己被別人利用、被別人剝削，不要想著被人利用很丟人，而應該更加理性樂觀地看待這個問題。如果你實在覺得自己是因為無能才被別人利用，並為被人利用而感到很恥辱，那麼你就應該知恥而後勇，不斷提高自己的能力，提高自己的警戒心，防止再次淪為被別人利用的工具。

做人不論是老實還是不老實，不論是總被人利用，還是總是不願被人利用，前提都是，自己不是無能的人，有被人利用的價值。自己沒有被人可利用的價值，只怕別人想都不會想去利用，即使自己願意被人利用也無濟於事。這就是說做人一定要有被人利用的資本，，你可被利用的價值越高，就從側面證明了你的能力越大，證明了你存在的價值越大。所以你要讓自己變得更有價值，盡量挖掘自己身上的優勢，盡量擁有一技之長，這樣才能在別人面前樹立一個好的形象。

做人偶爾也要勇於被人利用。一個人肚子裡要是有貨，那麼即便被人利用，自己也不一定會吃虧，因為這實際上可作為一種雙贏的策略。只要你有能力，那麼別人就一定會給你一個展示自我的舞臺。也許你的價值會被別人剝削，但是這樣你實際上不僅鍛鍊了自己，使自己的能力得到提高，為別人創造更多財富的同時，也為自己創造了更大的財富，為自己爭取到了更多的眼光、更多發展的機會。你被人利用對自己以後的發展可能會有很大的幫助，如果你覺得自己很委屈，那你也許就永遠錯過了這樣的機會。

另外，只要你善於掌握生存技巧，那麼你在被人利用的同時還可以想辦法反過來利用別人，這樣或許相互之間就能形成一種合作互助關係。這是一種很常見的社交方式，以利益交換來維持彼此之間的關係，這有利於加深彼此之間的了解，有助於將雙方的距離拉得更近。

可見，被人利用不見得就是壞事，關鍵在於你要有被利用的價值和資本。事實證明，自己有用，能被人利用，我們就有機會去實現自己的價值，才能更有機會去反過來利用別人為自己創造價值，讓自己獲得收益。

▼ 6. 先懂得做人，然後再去做事

要做事就要懂得先做人，做人是根本，做事是用來展現做人的價值的。一個人不懂得做人，那麼哪怕他能力再強，別人也不會給他表現和發展的機會。

其實，我們只要仔細看一看就能夠發現但凡那些會做事的人往往該老實的時候就老實，該不老實的時候就不老實，很懂得如何做人，懂得如何讓別人接受自己、信任自己，懂得如何讓別人心甘情願地為自己的利益出謀劃策。大漢的開國皇帝劉邦就很會做人，他很謙虛地說：「夫運籌帷幄之中，決勝於千里之外，吾不如子房；鎮國家，撫百姓，給餉饋，不絕糧道，吾不如蕭何；連百萬之眾，戰必勝，攻必取，吾不如韓信。」他將所有的功勞都歸結到三位愛將手中，所以大家自然都願意為他賣命，正因為如此，他最終才能利用這些人打下天下。如果劉邦是一個小人，是一個斤斤計較、目光短淺的人，那麼他也就不可能拉攏人心，更加不可能成就王圖霸業。

你想要做成大事，想要別人為自己辦事，那麼首先就要讓對方相信你的為人，就要積聚起足夠的人氣。如果你的氣場不足，你的人品不行，那麼相信別人也不會心甘情願地被你利用。好人品才能有好人緣，朋友多的

人往往是因為他的個人魅力很強大，他的性格很適合和他人相處。所以一個人性格好、會做人，自然也就能夠吸引更多的人力資源。

郝傑的父母死得很早，從小他就和弟弟生活在孤兒院。因為成長環境的問題，他的性格很有缺陷，為人自私自利，無論做什麼事情都是以自己為中心，根本不會顧及別人的感受。不僅如此，他還很有野心，總想做成幾件大事，也總是對自己很有信心，所以總是看不起那些底層的人，就連自己的那些同事他偶爾也冷嘲熱諷，認為他們做人沒什麼能力，也沒什麼大志向，平時都不願意和他們接觸。可是他一旦有什麼事情，又會糾纏不休地求人家幫忙，利用完之後往往就過河拆橋，甚至翻臉不認人。很多同事對他都很不滿，認為他這樣的人根本就沒有良心，更不配做成什麼大事。

大家都對他很不滿，甚至還想辦法給他一點教訓。沒過多久，郝傑的弟弟結婚，郝傑兩兄弟從小就是孤兒，沒有父母，也沒有什麼親戚，至於好朋友，兩兄弟更是沒有多少，所以郝傑特別希望自己的同事到時全部都過去捧場，為他們兩兄弟撐撐場面。同事們收到邀請後，心裡是一百個不願意，他們平時就很討厭郝傑，現在自然不樂意幫忙，何況他們和郝傑的弟弟根本不認識，憑什麼拿著錢去捧場。不過大家為了報復一下郝傑，就決定放他鴿子。

結果喜宴開席的那天，女方的家長都到了飯店，可是郝傑弟弟這邊卻沒有什麼人來捧場，那些事先許諾來參加婚禮的同事最後一個都沒有現身。偌大的飯店大廳，除了女方的一桌親人之外，竟然空空如也。這讓郝傑兩兄弟覺得很沒有面子，尤其是郝傑，他更是氣得不行，原先答應了弟弟幫他撐場面，結果讓弟弟失望了，而且也讓女方家覺得臉面無光。

要做事就要先做人，這是最基本的原則，只有懂得怎樣做人，才能夠在社會上做好事情。當然做人並不是口頭上隨便說說就可以的，而是要在實踐中表現出來，需要在實踐中掌握一些最基本的原則。

第一，要謙卑待人。你始終抱著一副高高在上的姿態，那麼別人自然也就沒有辦法「高攀」，甚至也沒有興趣和心情來「高攀」。所以做人還是應低調一些，謙虛一些，主動放下自己的身段，盡量以低姿態對待別人。這樣做一方面因為謙卑的人往往不那麼強勢，不會讓別人感覺受到威脅、不安全，反而會讓接觸者覺得很舒服，能在無形中拉近彼此的距離；另一方面是因為謙卑的人態度通常很誠懇，很能夠打動人心，對方不會也沒有理由拒絕。因此，只有放低自己的姿態，別人才能更願意來接近你，就像水流向低窪之地一樣，才願意和你交往。

第二，要懂得先施恩於人。「欲先取之，必先予之」，想要得到別人的幫助，想要獲得自己想要的東西，那麼就不要總是想著空手套白狼，不要總是打那些白占便宜的小算盤。做人要明白一個道理，就是有得必有失，有失必有得；應該轉變一下自己的觀念，既然自己要失去一些東西，那麼不妨就把失去的東西當成是自己為獲得某種東西和利益而付出的代價。換句話說，如果你想要得到某些東西，想要獲取某些利益，那麼你就要懂得付出。做人要懂得施恩於人，只有讓別人感受到你的付出，感受到你的真誠，對方才願意付出，才願意做出適當的回報。你可以把這說成是收買人心，也可以說成是利益互換，或者說成是合作，但是從你的角度來說這就是一種有效的投資，就是一種有效的溝通方式。

第三，人各不同，但不要以勢利眼對待。做人最忌將別人分三六九等：有用的人，就視作貴人，處處巴結奉承，無用的人則不聞不問；有權有錢的人就言聽計從，無權無錢的人就想辦法使喚和刁難，甚至仗勢欺人。這樣做人只會讓自己的形象降到低點，只會讓自己被孤立起來。這個世界中的每個人都需要利用別人，也需要被人利用，但是不要因此而用歧視的眼光去看待那些不如你的人。你覺得有些人天生就應該受到別人的欺負，天生就應該為你辦事，結果只會讓你失去別人的尊敬和信任。

其實，無論怎麼樣，做人歸結起來就是既要老實，又要靈活。做人要老實就是待人要真誠。無論是為了利用別人，還是為了結交朋友，你都要做到真誠待人。你不能夠用心去和別人相處，別人肯定也不可能認真對待你，也不會真心實意地來幫助你。表面上看起來相處得很融洽，可是弄不好就是一場虛情假意的「假面舞會」，至多只是相互之間騙來騙去的小把戲，看的是誰比誰更奸詐、更狡猾，拼的是誰比誰更無恥，這樣一來人與人之間就沒有什麼樂趣和相處的必要了。做人要靈活，就是不要對什麼人都那麼真，一些虛偽奸詐的小人，你若以真待他，只會被他抓住你的弱點，繼而被他戲耍，甚至被他陷害。

能做事情的人不一定會做人，但是會做人的人一定會做事情，因為做事是暫時的，而做人則是一輩子的。你能把事情做得很漂亮，而且也收穫了很多利益，但是如果你的利益來路不正，你的手段卑劣不堪，那麼你所做的事情很可能會招致他人的不滿，你的利益也不可能會長久，從長遠來看，你的行為還是失敗的。會做事很重要，但是會做人更加重要，做事的目的在於財富和利益，而做人的目的也可以說同樣是，但會做人更能開啟人脈，人脈開啟了，一切財路自然都會開啟。反之，只會做事不會做人，人脈就會被截斷，財路也就會被堵死。

7. 利用人前，先想想自己能否為人所用

美國總統約翰·甘迺迪（John F. Kennedy）在發表就職演講時說：「不要問美國給了你什麼，要問你們為美國做了什麼。」當時的美國年輕人總是抱怨國家沒有為他們創造出更好的生存條件，可是卻很少有人去想一想，自己對整個國家究竟有什麼用處，自己究竟又為國家做出了多少貢獻。其實道理很簡單，想要收穫，就要懂得去付出；想要得到什麼，就先要看看自己能付出什麼。一個國家如此，做人就更要懂得如此。人際關係如此複雜，你渴望利用別人為自己謀福利，期望別人為自己創造更多的效益，那麼前提就是你要看看自己有幾斤幾兩，能不能為別人做些什麼。做人要老實，但不能老實得連這個道理都不明白。

在現實生活中，我們常常可以看見有些員工總是抱怨自己懷才不遇，抱怨老闆不懂得欣賞自己，抱怨公司沒有給自己一個展示自我的機會，抱怨自己的薪水不高、職位不高，但問題是自己能為公司創造多少價值，能為老闆帶來多少收益他們卻沒有去想。你總是要求別人來滿足自己的慾望，總是希望依靠別人的力量來壯大自己，可是卻從來不知道不去想如何為別人創造收益，不能或不願被人利用，那麼別人自然也不能或不願被你利用。

在公司裡，員工是被需要的；在醫院裡，醫生是被需要的；在學校裡，教師是被需要的。反過來，員工、醫生、教師他們也有工作的需求，為了薪水，為了證明自己的價值，為了更好地展示自己的能力，為了榮譽。這就是說彼此之間是一種利用和被利用的關係。員工工作能力強，業績突出才能得到老闆的認可，所得的利益才能最大化；醫生只有醫術精湛，才會得到醫院的重視，醫院才會為他們提供最好的生活條件和工作條件；教師只有能力特別突出，教學經驗特別豐富，學校才會為他們創造更好的教學環境。生活中的利用和被利用是無處不在的，關鍵的問題在於，任何一方都要提高自身被利用的價值，都能被人利用。被人需要才會被人關注和索求，你能為別人的生活帶來福音，能為別人創造更大的利益，那麼你就有了利用他人的可能，你存在的價值也就會更大，你存在和發展的機會當然也就更大了。

打一個不是很恰當的比方，就像戀愛一樣，只有當對方覺得需要你而且離不開你時，你才能更好地掌握這段感情。總而言之，任何人有被人需求的價值，能為人所用，他才會有討價還價的餘地，才能利用到別人，否則，對別人來說他就沒有任何可利用的價值和意義，那麼他想要和對方打好關係的機會就會小很多，想要利用別人大做文章的可能性更是微乎其微。

宋德生想開工廠，可是手頭的資金不夠，他準備向鎮上的錢老闆借一點錢。為了能夠借到錢，他向對方保證按時還清本金和利息，而且所還的利息絕對會比銀行的利息高一倍。儘管如此，錢老闆還是不敢輕易把錢借出去，雖然他聽說過對方是個忠厚之人，但畢竟不是很熟，而且是這麼一大筆錢，不是小數目，他希望宋德生最好找一個有威望的人做擔保，這樣他才能放心地把錢借給他。

聽到對方要自己找個擔保人，宋德生一時也感到為難，後來他想到了鎮上的江彬，這個人原先是鎮上的會計，很受大家的歡迎，為人也很有威信。宋德生思索著如果請他來為自己做擔保，那麼錢老闆肯定會把錢借給自己的。想到這裡，他就叫上自己的朋友準備買點東西去找江彬，可是朋友了解情況後勸住了他，朋友認為江彬和宋德生非親非故的，平時也沒有什麼往來，對方憑什麼替宋德生冒風險做擔保。這話說得非常有道理，事實上誰也不會為一個陌生人冒那麼大的風險，宋德生一下子又沒了主意。不過朋友很快就出了一個點子：「聽說江彬的兒子要上高中，因為分數不夠，現在正找關係進入一中呢！你的大姪子不是在一中裡面當教務主任嗎？你何不讓你的大姪子去走動走動，把江彬兒子入學的事情辦了，這樣猜想你的事也就能成功了。」

聽朋友這麼說，宋德生喜出望外，立刻打電話給姪子，讓他幫忙錄取一個新生。接著呢，他就和朋友一起去找江彬，見到江彬後，宋德生說明了事情的原委，然後還打包票說江彬孩子上學的事情包在他身上，結果江彬聽說宋德生願意幫忙解決兒子上學的問題，非常高興，當場就決定幫他做這個擔保人。

人際交往其實就是利益互換，哪怕是那些志同道合的朋友走在一起也是因為彼此之間能相互理解，能有個照應，換句話說因為各有所需。做人不管老實還是不老實，都要明白想要利用別人，自己就必須擁有足夠的籌碼，就必須能為別人做些什麼。你不能為別人做什麼，又憑什麼能讓別人為你做事？而利用別人的時候也一定要看看自己身上的利用價值，別人能利用到你多少，決定了你能利用到別人多少。

所以，一個人最重要的不是總想著如何依靠別人來成功，如何讓別人來幫助自己走向成功，而是要先想自己有多強的能力，有多大的價值，能為別人做些什麼，能為別人帶來多少收益，然後去為別人做些什麼，讓別人獲益。這樣，自己才有可能利用到別人，獲得別人的幫助，才能獲得自己的利益，最終走向成功。

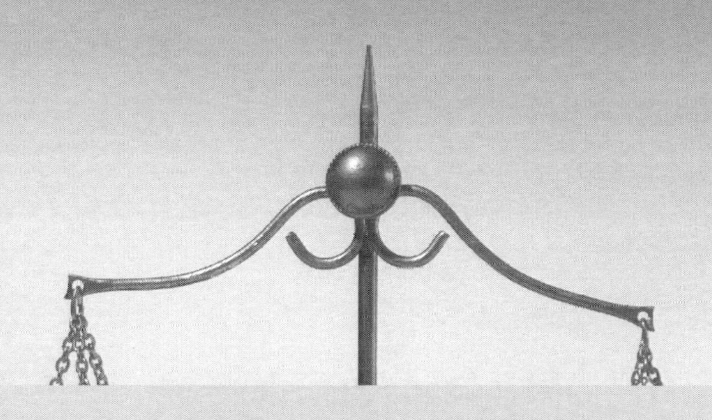

第九章

別局限於自我，眼光放遠，眼界放寬

▼ 1. 別把自己局限在幾個人的小圈子裡

戴爾．卡內基曾說：「一個人的成功，15% 歸功於他的專業知識，85% 卻要歸功於人脈關係。」幾乎每個人都知道朋友多了路好走這樣的道理，雖然也有不少人總是能夠把目光開啟，總是把自己的人脈延伸到社會各個層面和各個角落，但還有一些人會老實、狹隘地認為人脈就是自己的親朋好友，就是生活在自己周邊的人群。他們總是覺得自己有朋友、有親人、有同事和同學，就用不著再去捨近求遠求別人了，所以總是習慣性地將自己封鎖在狹小的社交圈裡，安於現狀。

人脈從來就不會對任何人設限，你可以交一個朋友，可以交兩個朋友；你可以結交自己身邊的人，也可以認識遠在天涯海角的他鄉之客；你可以結識同一產業的朋友，也能夠跨越不同的職業和別人相交。這個社會不會對我們設定什麼社交的障礙，只是我們自己常常綁手綁腳，把自己局限起來。我們被自己身邊的環境推進，同時也會被身邊的環境所阻礙，環境給了我們成長的動力和條件，但是時間一長，同時也會限制我們發展的空間。具體來說就是，我們與朋友親人可以相互關照，可以實現資訊共享和資源共享，這讓我們在固有的環境中獲得更多更大的幫助，而且這種小範圍內的感情往往會非常深厚。但是過於依賴這個狹小的圈子，就會造成一種封閉狀態，導致我們的眼界沒有辦法從這裡突破。此外，我們與周圍的人在能力、想法上往往差不多，沒什麼差別，這樣我們就無法接收到新東西，而我們的理想和追求及欲望也就會被束縛在這樣的環境之中。總是和這樣的人待在一起，就很難提高自己的能力和水準。所以，想要讓自己更上一層樓，就不要老老實實地把自己局限在狹小的圈子裡，應該接觸和結交更多的人，尤其是那些能力比自己更強的人。

有一句經典的廣告詞：「心有多大，舞臺就有多大。」可以說我們的眼光有多大，我們的未來就有多大；我們的社交圈有多大，我們的發展空間就有多大。

雷斌和張克是從小玩到大的朋友，但是兩個人性格迥異。雷斌喜歡結交朋友，而且特別喜歡結交認識那些陌生人，他總是希望自己有朝一日可以走到更廣闊的世界中去。而張克為人內斂一些，只喜歡和身邊的幾個好朋友待在一起，他覺得人生最快樂的事情就是和知心朋友在一起聊天，在一起玩耍。正因為性格不同，兩個人所走的路也不盡相同。

高中畢業以後，兩個人都沒有去上大學。雷斌當時就提議和張克一起到外面去打拚，接著兩個人很快去了某縣，開始了他們的工作生活。當時的生活環境很艱苦，賺的錢也不多，空閒的時候，也沒有什麼休閒活動。不過雷斌常常會跑到酒吧裡去消費，順便認識一些新朋友，他覺得年輕人就應該走出去多見見世面，多認識一些不同的人。而張克原本就不怎麼喜歡交友，到了陌生的環境之中，更是懶得出去走動，每次都宅在家裡，要麼就是和鄰居們下下棋，生活的空間非常狹小，所接觸的人也很有限。那時候，張克經常會勸說雷斌少花點錢，不要總是出去把錢花在那些陌生人身上，畢竟自己賺得就不多。不過雷斌卻覺得張克為人太封閉了，像這樣永遠把自己關在狹小的生活空間裡，就是想賺大錢也賺不了，而且即便賺了大錢也沒什麼用。

兩個人一塊出來打拚，張克每年都可以往家裡寄一筆錢，而雷斌因為有很多應酬，所以常常是入不敷出。但是雷斌顯然比張克更吃得開，他交友廣泛，認識的朋友也多，所以發展的前景也要比張克好一些。張克覺得自己在外面漂泊始終沒有成就，於是就決定回家開個小店，和朋友們合夥做點小生意。而雷斌卻還想著到更廣闊的世界中去鍛鍊自己，就這樣他向朋友借了一筆錢，然後跑到國外去闖蕩了。幾年之後雷斌回國來找張克，這時的他已經是國外某跨國公司駐中國的業務經理了，不僅生活條件富足，而且身分地位崇高，而張克還是在城裡經營著自己的小買賣，日子雖然過得穩當，但是沒有什麼發展的潛力。

知名的社會學家加奎羅說：「如果你社交圈子裡的人都是屬於你那個階層的人，那麼就形成了我們經常所說的密集網路。你可能以為自己對整個機構內的事務瞭如指掌，但實際上你們的任務只是資訊再循環。總有一天，你會驚覺原以為被每個人接受並認可的觀點實際上只適用於你自己以及圈子中的人。」如果我們長時間處在同一個一成不變的環境中，那麼我們很容易就被環境束縛住，很容易畫地為牢。

做人一定不要太老實，要懂得突破自我，突破現有的生活環境，盡量讓自己站得更高看得更遠。如果像井底之蛙一樣，把自己束縛在井裡，那麼你的天空始終就只有井口那麼大，而你如果能夠及時地從井裡面跳出來，就會發現這個世界原來比你想像中的要大很多，外面還有很多你沒有見識過的新東西，外面的生活可以幫助自己接觸到更多新思想，可以完善和充實自己的認知，豐富自己的生活。

要突破狹小的圈子，一般就要從認識新朋友開始，要更好地接觸新環境，接觸新環境中的人。認識一些新朋友，結交一些新人，就可以拓展你的交友圈，壯大你的人力資源。而想要打通新的人際關係，打造新的人脈，就要經常走出自己的生活圈，多到外面的世界去看一看，多參加一些圈子以外的社交活動，多接觸那些和自己生活在不同軌道上的人，多認識那些和自己志不同道不合的人，多見識一些不同的思想。

這個世界並不是只有你眼睛見到的那麼大，你一定要盡量把目光放到更寬闊的地方去，要把自己置身於更廣闊的空間中去。只有不斷突破自我的空間，自己才能夠緊跟時代發展的腳步，不斷提高自己各方面的能力和水準。

▼ 2. 學會運用社會資源，別總是單打獨鬥

社會學家認為，一個人如果到了三十歲左右還沒有建立起固定的、層次分明的交際網路，那麼他的交友肯定出了問題，他的人生肯定會遇到很多困難。有人甚至將人脈稱為人生的命脈，認為有人脈關係的人往往更容易收穫成功。當然這個世界上也有很多人不喜歡交友，他們更看重和相信自己的能力，喜歡單打獨鬥，主張自力更生，什麼事情都依靠自己的腦子和雙手去解決，沒想過自己原本可以採用更加高效的方法來達成自己的目標。

如果說一個人 30 歲之前賺錢靠的是專業，那麼他 30 歲之後賺錢靠的就是人脈。人脈即錢脈，一個人的人脈越廣，他擁有的力量就越大，他的財富來源也就越廣。那些億萬富翁，那些成功的社會名流，他們之所以能夠成為人上之人，之所以可以達到這樣的水準，從來都不是依靠自己單打獨鬥闖出來的，沒有足夠的人脈，沒有別人的幫忙，他們至多只是一個優秀的人才，而難以達到更高的成就。如果說一個人僅憑一個腦袋和一雙手，可以創造十分的利潤，那麼兩個人即便每個人只創造六分的利潤，最終的收益也要比一個人的要多，那麼三個人、四個人、五個人呢，毫無疑問累積的財富一定會更多。正如世界首富比爾蓋茲所說：「一個人永遠不

要靠自己一個人花 100% 的力量，而要靠 100 個人花每個人 1% 的力量。」可見，團隊的優勢是非常明顯的。

另一方面，人越多，個人承擔的風險則越小。結識的人多了，個人的防備能力也就提高了。人數上的優勢會提高預測風險的能力，同時也會分擔掉個人的風險，這樣當遇到挑戰時，你就不是一個人在孤軍奮戰；當遭遇危險時，你也不是一個人在面對；當遇到挫折時，你也不是一個人在默默承受。你所結識的人中總有人能夠在你最需要的時候及時出現，在你最需要幫助的時候給予支持，你所承受的損失總是能夠盡可能地降到最低點。

徐歡從小就被父母教育凡事要懂得自食其力，什麼事情都要自己去完成，不要讓別人代勞。在這種家庭教育的影響下，他養成了極強的獨立意識，無論做什麼事情都很有主見，也願意自己去完成。不過正因為如此，他也養成一個不好的生活習慣，無論自己能否完成，都不會去求助別人。

二十歲的時候，他覺得自己應該出去闖蕩了。大家都說首都是淘金之地，發展機會比其他地方都要多，哪怕是在地鐵裡唱歌，也都有可能會唱出名，於是他隻身一人前往了首都。到了以後，他躊躇滿志，對未來充滿了幻想和希望，覺得自己只要依靠雙手踏踏實實地做事，就一定可以闖出屬於自己的一片天地。都說在家靠父母，出門靠朋友，可是徐歡已經習慣了一個人做事，無論是在家中，還是在外面，他都會一個人單獨面對問題，而且他也非常自信自己能夠解決這些問題。

可是經過一段時間的生活，他發現自己所遇到的困難比以前見到的困難要複雜得多，很多時候他都想要克服這些困難，卻是有心無力。他發現首都的生活根本沒有自己想像中的那麼好，有時候就連生存下去都很艱難。原以為只要自己努力就可以去追求自己想要的東西，依靠自己的雙手就可以抓住自己的夢想，結果越來越覺得自己勢單力薄。漸漸地他也了解到，其實現實很殘酷，很多時候競爭中比拚的不是人的能力，而是人的人脈關係。誰認識的人多，誰的朋友更有權勢，誰的家庭背景更好，誰就有更大的發展機會。可是他在首都根本就是舉目無親，而且因為平時習慣了一個人生活，所以也沒有什麼朋友，除了自己的一雙手，他根本沒有可以藉助的資源，也沒有什麼門路可走。因為生活壓力的增加，徐歡開始心灰意冷，不再有初來首都時的豪邁與激情，眼看著自己的生活工作沒有什麼起色，他最終選擇了離開。

俗話說，一個好漢三個幫。一個人想要獲得更多的發展機會，就不要太老實，把自己封閉起來，只待在個人的圈子裡孤身奮鬥，而要多交朋友，平時多參加一些社交活動，多和別人打交道，主動去結交更多的人，盡可能拓寬自己的人脈，經常出去走走，出去開開眼界。當然，想要讓自己變得更加合群，接觸更多的人，那麼就應該改變自己的想法，從思想上改變過去那些老實迂腐的陳舊觀念。

當然，交朋友還需要付出自己的真心，要懂得用心去面對他人。如果你總是抱著利用別人的態度，總是為了私利而不顧朋友利益，那麼即便你認識的人再多，到頭來還只會是孤家寡人一個，對方不僅不會成為你的幫手和貴人，反而會成為阻礙和報復你的敵手。用心和別人相處是相互之間互助合作的前提，只有心心相印，只有多站在朋友的角度思考問題，才能夠從朋友那裡得到更多更充分的幫助。

人人都應該去結交更多的人，而且人人都可以結交更多的人。很多時候，我們總是為自己的處境辯解，認為自己沒有什麼人力資源，也沒有人願意來幫助我們，可是我們卻不知道人力資源往往就在自己身邊，我們的朋友、親人、同學、老鄉、鄰居、同事，這些都是有效的人力資源，只不過這些常常被你忽視了而已。汽車銷售大王喬·吉拉德說，每一個人都可以認識和結交 250 個人，而這 250 個人就是我們每個人最大的財富。如果你從來都不懂得主動交友，不懂得主動和別人拉近關係的話，那麼你覺得沒有人願意幫助你，問題很有可能出在你的身上。事實上，只要你善於發現，善於挖掘，願意主動去交往，那麼你身邊的人就都有可能成為你可利用的人力資源，你一定可以為自己的人生開啟一扇方便之門。

總之，一個人雖然也可以憑藉著自身的努力獲得成功，但一個人的力量畢竟是很有限的，現在都講究團隊合作，都講究人力資源，誰的人脈更廣泛，誰的發展機會就更大，誰就更容易成功。所以，想在社會中得以很好地生存、謀求發展乃至取得成功，你就不要總是那麼老實、死板，不要總是孤軍奮戰、單打獨鬥，一定要學會運用廣泛的社會資源。

▼ 3. 近朱赤，近墨黑，多交優質朋友

有句古話叫做：「近朱者赤，近墨者黑。」自己接近的人是什麼樣的人自己就會成為什麼樣的人。認識那些有能力的朋友，我們的能力也會得到相應的提高，正應了美國人的那句俗語：「與一流的人交往，自己也容易成為一流的人物。」因為優質的朋友往往具備更出眾的資源和實力，他們所處的環境和社交網路往往也高於常人，與他們交往實際上等於為自己開啟了一個金庫，所以我們要結交這類優質的朋友。

美國總統巴拉客．歐巴馬（Barack Obama）就熟知其中的道理，一個草根起家的黑人最後站在世界權力的最頂端，這本身就是一個奇蹟，而奇蹟的創造顯然也在於歐巴馬認識並結交了太多的優秀幫手。首先，競選總統需要龐大的資金支持，而這歐巴馬自己的身家根本就達不到，但是他在芝加哥任教的時候就已經有意去結交那些商界名流了，自然而然他們後來為歐巴馬提供了資金幫助。有了資金支持，還要擁有足夠優秀的顧問團才行，而這對於歐巴馬來說不算什麼難事，因為他原先就在哈佛商學院攻讀法學博士，哈佛中的許多菁英都是他的好朋友。最著名的當屬米切爾．弗洛曼以及卡桑德拉．巴特斯，這兩位仁兄為歐巴馬出了很多絕妙的計謀，重要的是還替他指出了競選對手約翰．麥肯（John McCain）的死穴——經

濟問題。正是由於他們建議歐巴馬對對方的經濟政策做出猛烈抨擊，歐巴馬才贏得了民眾的支持。

歐巴馬雖然沒有具備足夠強大的硬性條件，不過卻因為擁有優質人脈而最終獲得成功。可見高品質的人脈關係對個人的生存和發展是多麼重要。牛頓說他自己之所以看得更遠，是因為站在巨人的肩膀上。所以，做人不能太老實，也要懂得尋找生命中的貴人和巨人，要懂得依靠他們的優勢和力量，利用他們手頭的資源、身上的「光環效應」和「明星效應」，使其成為自己前進的推力，來提高自己的水準，挖掘自身的潛力，增加自己的財富。

程小天是國內一所大學的高材生，儘管學習成績並不算突出，在校的綜合表現也不算出眾。和其他學生在大學裡努力學習相比，程小天更加注重培養自己的社交能力，因為他明白讀書學習都是為將來工作服務的，而社交能力的培養更顯得重要。正因為有這份超出常人的成熟，他在大學期間就特意主動結識了一些家庭條件非常好的同學，和那些導師往來，他更是經常免費幫忙。很多同學為此非常瞧不起他，認為他只是一個懂得巴結奉承權貴的勢利小人。

可是程小天根本就不在乎別人說些什麼，首先他覺得自己沒有做什麼違背良心的壞事，其次他明白人際關係的重要性，更明白優質的人際關係對他的意義，他現在所做的一切都是為了將來的發展，這並不算過分。正因為如此，他在畢業的時候，就很快在那些同學和導師的幫助下找到一份很好的工作，順利進入一家著名的國營事業上班。相比其他同學努力爭取、忙得焦頭爛額才得到一份穩定的工作，他的工作起點顯然高出了許多。

在這樣的公司上班，可以說程小天的前途一片光明，未來的發展一定會好過大多數的畢業生。不過他並沒有就此滿足，他是一個有理想有追求的人，渴望獲得更大的成功，渴望站在更高的平臺上發揮自己的能力，所以進入國營事業不是他的最終目的，而只是他人生規劃中的一小步。當然任何一個理想不是說能實現就可以實現的，自己不僅要有實力，還要有運氣，更要有貴人相助。少了別人的幫忙，想要在這種競爭激烈的環境中生存下去尚且困難，更別說往上爬了。在這樣的社會條件下，那些優質人脈更是成功必不可少的要素。一個人想要獲得更大的成功，就必須努力去結交那些更有能力、更有權力、更有價值的人，他深知，想要更上一層樓，就必須藉助上面的力量來拉他一把，很顯然只有那些強者或比他更強的人才具備這種條件和力量。鑒於有過這方面的成功經驗，他更加注重這方面的人際交往，平時注意觀察身邊的人，了解他們的價值所在，一有空就主動接近他們，和他們聊一聊工作和生活，以拉近彼此的關係，利用工作之便和高層接觸，努力去結交各種權勢人物和有能力的人。

程小天一方面努力工作，盡量留下好的印象給主管，同時也懂得關注主管們的生活，他明白這樣就能抓住對方的興趣，從而在談話中吸引對方。

正因為他懂得和那些有實力的人交往，結果在短時間內迅速累積了大量優質的人力資源，並藉助這些關係成功上位，不僅穩固了自己的工作，更重要的是為自己的發展和升遷鋪平了道路。

做人不要總是那麼老實，覺得結交那些有錢有權有勢有能力的人就是一種巴結和奉承。我們一定要改變自己刻板的觀念，只要別人比自己強，只要別人身上有我們值得學習的東西，想要掌握的資源，那麼我們就要懂得主動去認識對方。簡單地說，結交優質人脈實際上就是結交那些能夠幫助自己的人，所以我們要去認識他們。

要結交那些比自己更出色的人才。但凡那些比你更出色的人，他們要麼能力出眾，要麼才華橫溢，要麼權勢很大，要麼財富驚人。他們可以幫助你更好地應對各種困難，為你的成功提供直接的援助。而且他們手裡的資源都會比你的要豐富一些，這些可能都是你獲得成功所需要的。重要的是，這些人當中很有可能會出現你的貴人，某一天他會為你帶來你意想不到的財富。

要結交那些潛力股。潛力股顧名思義就是有發展潛力的人。想要擁有這樣的人力資源，那麼首先你就要具備識人的能力，並懂得及時投資，進一步拉攏雙方的關係，使之成為自己的人。戰國時期的巨賈呂不韋，他在趙國的時候結識了落魄的秦國王子，並仗義疏財幫助他回到秦國奪權，後來秦王子登基稱帝，呂不韋功不可沒，結果就成為了丞相。

要結交那些對自己有幫助的人。選人也和選東西一樣，不要去選那些最好的，而應選那些最適合自己的。無論你結交什麼樣的人，貧困的也好，富貴的也罷，最要緊的是能夠實實在在地幫助你。這種人可能算不上絕頂的人才，也稱不上鉅富，但是他們往往就是你成功的推力。

當然，有時結交的朋友也不在於多而在於精，有幾個貼心的能真正幫助到你的朋友，就比什麼資源都要強。相反地，你的朋友遍布各地，你的交際範圍延伸到各個角落，可是你遇到問題時，卻沒有任何人出來替你解圍，那麼這樣的所謂朋友人數再多也沒什麼用處。總之，我們要結交的優質人才，自然也該是那些高素養的人才，唯有如此，我們才能從優質人才那裡得到自己想要的好處。

4. 難得糊塗，但別糊里糊塗

在中華文化中處處都能尋找到糊塗的痕跡，清代的文學家、書畫家鄭板橋，更是精通人情世故，紙扇一開一合，乾脆上書四個大字：「難得糊塗。」所謂難得糊塗，其實就是揣著明白裝糊塗，天下事人間事，全都看在眼裡，卻還要裝瘋賣傻，故作無知。巧合的是，西方的莎士比亞曾經也講過類似的話：「一個人如果思慮太多，就會失去對生活的樂趣。」

做人不能太不老實，凡事不能太過明白透澈，有時要懂得裝糊塗。做人難，做內心明明白白的糊塗人更難，所以並非所有的人都能夠懂得裝糊塗做人。有些人明明一無是處，卻總是喜歡故作聰明，到處炫耀自己的能力，巴不得讓別人知道自己有幾斤幾兩一樣。而有些人胸中藏有大智慧大理想，卻甘願裝扮成無知的人，一問三不知，要麼就乾脆裝聾作啞。表面上他們一無是處，而且常常做出一些讓人啼笑皆非的傻事來，但實際上他們看得比誰都要清楚，看得比誰都要透亮，他們深諳如何才能尋得自保，又懂得何時才是最佳的表現時機。這些人就是最懂得裝糊塗的人，也可以說是不老實的老實人。

吃了虧，還能夠若無其事；受了別人的氣，還能夠一笑了之，泰然自若；被別人嘲笑，還能夠洋洋自得；做事故意失誤，說話也是故作錯誤連連；霸氣從來不外露，能力則故意不顯；凡事不求明明白白，在人群裡安然地當一個與人無爭、於人無礙的人。事實上，這是一種高明的生存方式，有利於保護和發展自己。人一旦太過精明，就很有可能會成為別人排斥和打壓的對象，只有把自己裝扮成一個糊塗人，才不會對別人造成太多威脅，自然而然，也就沒有人會找自己的麻煩。所以做人也的確要「老實」一些，懂得裝糊塗。

但是難得糊塗是一種心態和技巧，而不是一種本色的再現，換言之，一個人可以裝糊塗，但是不要什麼事情都糊里糊塗地混過去，裝糊塗的前提是你看明白了事情的真相，而不是說你真的什麼也不懂。

阿華是個毫無心機的老實人，為人很單純，無論什麼事情都不會去想太多，無論遇見什麼人也不會有什麼過多的想法。這樣老實的阿華自然而然很容易成為別人欺負的對象。一個在阿華公司辦公室中的老員工，平時就喜歡占別人小便宜，就喜歡欺負那些比自己弱小的老實人，對阿華總是趾高氣揚，而且還總是喜歡使喚他，有事沒事就讓阿華跑腿，去買點水或者買點吃的之類的，而且他幾乎從不給錢，這擺明了是讓阿華吃虧。對於一般人來說，這樣一次兩次還可以忍受，但是次數多了，誰也不會那麼傻還繼續吃虧，可是阿華卻根本沒想過這些事，他並不覺得對方是故意這麼使喚他的，相反地，他還認為同事之間沒必要算的那麼清楚。

其實，明眼人都看得出來，這位同事是十足的笑面虎，表面上對人笑呵呵的，非常熱情非常友善，可是內心卻非常鄙視那些老實人，而且只想著從別人身上撈點好處。更重要的是，阿華辦事勤快，偶爾會受到主管的表揚，這就引起了那個老員工的嫉妒和不滿，所以他就將所有怨氣發洩到阿華身上，顯然是有意要整一整阿華。可是阿華卻是個十足粗心大意的糊塗蛋，他根本就沒有察覺到對方的敵意，也沒有感覺到自己會有什麼危險，每天照樣上班下班，照樣糊里糊塗地過日子。

有一次上班時，這個同事突然對阿華說自己的菸癮犯了，想要抽支菸，結果阿華想也沒想就衝下去買了一包菸回來。菸買回來後，阿華發現同事已經離開了，於是就隨手把菸和打火機放到了自己的桌上，繼續自己原先的工作。可是過了幾分鐘，這個同事突然跟著主管一起來到辦公室裡視察，結果主管一眼就看到了阿華桌上的打火機，當場就劈頭蓋臉地將阿華訓斥了一頓。原來公司有規定，不能在辦公室裡抽菸，更不能攜帶易燃易爆的物品，以防威脅到公司裡的那些機密檔案。阿華這樣做顯然是觸犯了規定，他原本想向主管解釋清楚的，可是又覺得自己如果說出來可能對那個同事不利，所以就忍住不吭聲了。可是沒多久阿華因為違反規定被公司主管開除了。

稍微聰明點的人都知道這肯定是那位奸詐的同事設下的局，作為一個老員工他難道會不了解公司的規定嗎？而且阿華買菸和打火機剛回來就恰好碰上檢查，事情哪有那麼巧合，肯定是有人從中搗鬼。可是老實的阿華根本沒有那樣去分析，結果糊里糊塗地走進了別人設下的圈套。

做人要懂得隱藏自己，要適當地保持難得糊塗的姿態，但這個糊塗並不是糊里糊塗。糊里糊塗的人對什麼都不在乎，把什麼事情都看得很輕，哪怕被人利用了也不知道。糊里糊塗的人沒有防備之心，不知道世界的複雜和人心的險惡，常常別人在背後陷害他，他也弄不清楚什麼狀況。糊里糊塗的人沒什麼主見，別人說什麼就是什麼，自己從來不會去思考一下，往往很容易衝動行事。糊里糊塗的人做事不顧後果，自己想怎麼做就怎麼去做，很容易招來禍患。糊里糊塗的人做事情不分主次，也沒有輕重之分，凡事太過隨便，不夠認真，而且沒有什麼上進心，因此這種人也很難發展得好。

同樣都是糊塗，但效果完全不同，糊里糊塗只會給自己招來麻煩，只會阻礙自身的發展和進步，而難得糊塗卻往往可以明哲保身，讓自己遠離是是非非，同時還可以儲存實力來發展自己。兩相對比之下，難得糊塗無疑更具技巧性，因為它掌握了一個恰當的分寸。難得糊塗的人當顯則顯，當隱則隱，能進則進，能退則退，無論做什麼都能很自然很從容。而且儘管他們在細枝末節上並不過多計較，但在大原則面前，卻從來都能夠做到心中有數，平日裡看似什麼都漠不關心，但是真到了關鍵時刻，他們還是會懂得把握的。三國時東吳大將呂端，為人平時不很謹慎，也不在意那些細枝末節的東西，看上去就是一個糊塗蛋，但是真止遇到了大事，他的腦子比誰的都要清醒，從來不會糊里糊塗地對待。

所以，做人可以糊塗，但是必須要掌握好分寸，要做到外表糊塗但內心清醒。你如果內心也糊里糊塗，做事情根本不動腦子，那麼就很有可能會做出真正的糊塗事來，而這樣的糊塗與大智大慧是沒有半點關聯的，純粹就是徹徹底底的犯傻。

5. 杜絕人際交流中的「近視效應」

很多近視眼的朋友都有過這樣的經歷，自己最初專注地看某個東西時，眼睛會很疲勞，這時候原本應該休息一下，然後想辦法進行治療，可是自己根本不注重這些小問題，每次揉一下眼睛就接著去看，結果一段時間之後，突然發現看不清原來的東西了。這時候其實已經表明他們的視力正在下降，眼睛組織出現了一些問題，但他們還是不會很重視，反而只是讓自己更加靠近想要看的東西。於是一段時間之後，他們又發現自己在原來的位置已經看不清目標了，這時再次靠近，結果越是靠近，視力就越是下降，視力越是下降，他們就越是靠近。這就形成了一種惡性循環，近視只會越來越嚴重。這種已出現問題而不尋求解決之道，最終導致陷入惡性循環的現象被人們叫做「近視效應」。

其實，「近視效應」說得直白一點就是辦事只考慮現在，只考慮眼前，而不注重長遠的發展和利益，最終造成無可挽回的損失。它在社會生活中隨處可見，我們為了促進經濟的發展，往往不顧及環境的保護，結果造成大量的資源浪費和汙染，而這反過來，又會對經濟長遠的發展造成很大的制約，所以我們總是提倡可持續發展，要做到發展和防止相結合。有些地方官員為了搞好政績，總是想辦法塑造形象，而不是腳踏實地地發展實體經濟，結果形象塑造得越是繁榮，經濟越是落後，而經濟一落後，為了保全政績，官員又熱衷塑造更多形象，這就造成地方經濟的虛浮和虛脫，根本沒有發展的潛力和活力。我們在職場找工作也是一樣，很多時候，我們一過得不如意，就覺得公司不好，而不從自己的角度去找原因，於是選擇跳槽。可是跳槽之後，我們會發現換個工作環境後，待遇更差，這時我們會再次想著跳槽，結果越跳越差，越差越跳，長此以往，我們根本沒有辦法穩定下來，結果耽誤了自己未來的發展。

所以無論做什麼事情，都不要用太過老實和太不老實的一種狹隘、短淺的眼光看待，而是要把眼光放得長遠一點；做事如此，交朋友也是如此。社交追求的是長遠的發展，多認識幾個朋友，對於我們未來的發展很有幫助。可是很多時候，我們結交朋友過分注重利益，而且過分看重眼前利益，無論和誰交友，原則就是能夠盡可能快速地獲取利益。這樣急功近利的交友心態，很可能會讓別人產生反感，而且也很容易讓我們錯失掉那些真正對我們有幫助的人。有些潛力股，雖然一時之間難以出頭，但是他們未來的前途會很光明，我們如果只注重現在，那麼就會失去一個好的幫手。

有時候，我們做事只顧眼前，也容易產生一種利用別人的心理，只求一次性地榨取對方身上的價值，甚至是不擇手段，卻沒有考慮過別人的感受，這樣一來，自己所結交的也只是一次性的朋友。

你利用並傷害了別人，相信對方不會再輕易相信你，而你的形象和名譽也會受到損害，別的人也會對你避而遠之。你越是注重眼前利益，就越是要失去更多，越是失去更多就越是注重眼前利益，這樣長久發展下去，你只會人脈財富兩頭空。

孫小虎是一個很有心機的人，雖然表面上對誰都客客氣氣，似乎很有人緣，而且看上去對別人都非常好，也非常懂得體貼人，可是他的心理面只裝著自己。只要是對自己有利的，他就會不擇手段地追求；只要是對自己沒用的，他根本理也不會去理，或者直接拋棄。他曾經交往過幾個朋友，可是每次他都是有事就求人，沒事就從不聯繫人，弄得大家都很不舒服，覺得孫小虎做人有問題，完全不懂得什麼才是真正的朋友。

工作以後，孫小虎很快結識了新的同事，可是他選擇結識的人往往都很有來頭，都是一些能為他創造發展機會的人，而對於其他能力一般職位一般的人，他總是表現出一副愛理不理的樣子。結果幾個月下來，和他真正有來往的人也只有寥寥的幾個，其他的人似乎都在有意排斥他，都覺得他目光短淺，根本不是真心實意地交朋友。

孫小虎在公司裡最好的朋友就是李軍，兩個人天天在一起，可以說形影不離。孫小虎結交李軍一方面是因為李軍家庭條件非常好，和他在一起常常可以占一點小便宜，蹭一頓飯什麼的都不是什麼大問題，李軍雖然也漸漸了解了孫小虎的缺點，但是他覺得這根本不是什麼大問題，而且只要兩個人真心做朋友，那麼自己吃點虧也無所謂。孫小虎結交李軍的另一個原因就是李軍的能力很強，而且深受上級的賞識，將來很有可能會被提拔。孫小虎覺得和這樣的人相交，對自己的發展會有很大的幫助。

雖然孫小虎也經常為自己長遠的發展做打算，但是每一次遇到一些小誘惑，他就把所有的事情都拋在腦後了。有一次，公司決定讓所有的員工提交一份市調報告，意在考核員工們的綜合素養，同時也為了觀察一下誰才是最有能力的員工。孫小虎對這樣的報告根本就沒有任何頭緒，也不知道該怎麼寫。李軍見他很是苦惱，於是就將自己寫好的報告給他看，給他做個參考。可是沒想到的是，孫小虎竟然竊取了其中的資料，更加可氣的是，孫小虎為了防止被人發現自己作弊，竟然還擅自改動了李軍的報告。結果可想而知，孫小虎得到了主管的表揚，而李軍的報告稽核成績卻普普通通。

李軍發現孫小虎動了自己的報告後，非常生氣，可是現在去舉報或者當面揭穿他的陰謀都已無濟於事，而且這樣一方面顯得自己小氣了，另一方面大家可能也不會相信，更沒有人會真正在乎這種事情。經過這件事之後，李軍徹底認清了孫小虎的真面目，了解到對方是一個過河拆橋的人，於是再也不和他接觸了。後來李軍因為表現良好得到了提拔，結果他所做的第一件事就是將孫小虎開除。

其實，原本來說，孫小虎如果懂得長線投資，懂得維護和李軍的關係，那麼他就不會因為一時的利益而背叛自己的朋友，當然也就不會被對方想辦法掃地出門了。

人際交往看重的大都是利益的互換，可是這種利益互換往往是長期的，而不是短時期內的利用和被利用。而且人際關係中往往也會摻雜著真摯的感情，由這種真感情維繫的人脈顯然會更加牢固可靠。所以你不能輕易就因為一時的利益而打斷這些人際關係，更不能因為一時的利益而做出竭澤而漁的傻事。

在社會心理學中存在一個「不值得」定律，意思是當我們認為不值得去做一件事時，就不會去做這件事。很多時候我們都會輕易地被這條定律干擾和影響，認為自己沒有利益可取，也沒有什麼好處可拿，乾脆放棄和別人結交的機會。可是暫時的不值得並不意味著將來的不值得，你草率地認定對方沒有價值，那麼很可能會徹底喪失掉和對方合作的機會。有人說：「人脈是最寶貴也是最有潛力可挖的財富，它是真正取之不盡、用之不竭的寶藏。」所以做人做事都不要太老實，也不要太不老實，只顧眼前，應該盡量把眼光放得更寬一些，盡量把目光放得更遠一些，不要被眼前的一些小利益所誘惑。如果你只注重眼前，那麼注定會丟棄掉將來的發展。

6. 熟悉社交潛規則，這些事情要知道

任何一個產業，任何一種社交場合，都有各自的規則和規定，同時存在著一些不可明說但是人人心知肚明的潛規則。所謂潛規則，顧名思義就是與明規則相反，指那些看不見的、沒有明文規定和約定俗成但是卻能夠廣泛被人認知和接受的一種規則。官場有所謂的官場文化和官場潛規則，商場有商場的潛在運作規律，娛樂圈中有那些見不得光的娛樂潛規則，職場也有職場的潛規則。很多時候，潛規則都是一個貶義詞，潛規則看上去並不那麼光彩，不能登大雅之堂，和主流的價值觀相背離。你可以去鄙視潛規則的存在，但不能去忽視它，因為它往往能夠決定一個人的命運。掌握住了那些社交潛規則，你可能就成功了一半，一旦你忽視那些潛規則，你就很可能四處碰壁。

莫乾生原是某公司人事部門的職員，後來因為表現優異，被調派到更有發展潛力的行銷部工作。換了新環境，也換了新主管，他躊躇滿志，決定好好做，希望能夠做出在人事部門時做出的那種業績，獲得新主管的認可。但是他在新環境中待了一段時間後，就發現了一些很奇怪的問題，那些同事似乎有意在躲避他，平時說話什麼的，都在他的背後說，這讓莫乾生覺得很不舒服。當然更令他傷心的事情是他的新主管似乎也對他很不滿

意，總是想辦法找他的碴，有事沒事就將他叫進辦公室訓斥一頓。有時候自己明明做得比別人要好一些，可是主管卻總是表揚其他人，而當大家犯了同樣的錯時，他卻總是那個被罵得最多最狠的人。

這樣的待遇讓莫乾生覺得很不公平，他仔細回想了一下，發現自己平時根本就沒有得罪過任何人，在同事面前沒有說過什麼過分的話，也沒有搶過什麼功勞，他自認為自己工作還算中規中矩，作為一個新人，這應該算不錯了，可是他就是不清楚主管為什麼還是一而再再而三地刁難他。面對這些疑惑，他百思不得其解，根本不明白自己究竟做錯了什麼。某一天下班之後，他沒有直接回家，而是向一個清掃辦公室的老人訴苦，結果老人告訴莫乾生，自從他第一天進入行銷部就犯了職場的大忌。莫乾生聽得是一頭霧水，老人於是直接提醒他說進廟忘了先拜佛的規矩。莫乾生一聽才恍然大悟，想起自己剛上班那一天，由於時間比較匆忙，他忘了和同事們打招呼，而且更沒有向新主管問好，以至於惹惱了對方。現在想起這些事，莫乾生後悔莫及，作為新人主動和主管打聲招呼是必要的，也是職場的潛規則之一，可是自己竟然忘記了，結果只能是自討苦吃。

存在即合理，既然我們的生活繞不開潛規則也離不開潛規則，那我們就應該認可和接受它的存在，懂得去迎合它，不要老實、固執地信守自己所知的那一套。就是說，你要了解自己該做些什麼，以及怎樣去做，因為有些東西是你應該去做的，有些東西則是你不能去觸碰的。

在各種不同的社交場合，在不同的產業中，潛規則也是不一樣的，但是萬變不離其宗，不同環境中的潛規則還是具有一些共通點。依據這些共通點，我們就應該懂得如何利用這些潛規則為自己謀福利，同時使自己盡量避免觸動雷區和禁區。

第一，要懂得利益互換。任何人想要得到自己想要的東西，都先要付出自己擁有的東西。

無論你在哪一種場合，都要懂得和別人拉近關係，都要結識那些能夠幫助自己的人。但別人憑什麼願意幫助你，你憑什麼來指揮和調動別人為自己服務？關鍵就在於你要懂得付出，無論是求人辦事，還是想要和對方交朋友，都要懂得先滿足別人的胃口。只有讓別人利用到你的價值，對方才會願意為你解決困難；只有讓對方嘗到甜頭，對方才會想辦法讓你也嘗到甜頭。禮尚往來就是最大的潛規則，你先給別人送一份大禮，別人才願意回敬你一份厚禮，這就是利益的互換。

第二，想要成功，飯局必不可少。華人雖然一直提倡「食不言，寢不語」，但是偏偏最喜歡在飯桌上講話談判，而且無論什麼事情，一旦到了飯桌上，就都能夠變得更容易解決。請客吃飯是一種有效的社交方式，託人辦事，要請客吃飯；和別人套關係，要請客吃飯；向別人道歉也需要擺幾桌表示表示；想要升遷，需要請客吃飯；想要做好生意，需要請客吃飯；想出名，同樣需要請客吃飯。而飯局往往能夠幫助你更好地解決問題，正所謂拿人手短，吃人嘴軟，酒足飯飽之後，對方總是不好意思再拒絕你的求助。袁世凱曾經說過：「有吃有喝，啥都好說。」任何事情只要擺到飯桌上去談，往往是事半功倍。

第三，謙卑待人，少說多聽。做人無論自己的身分有多麼尊貴，都不能時時擺出一副高高在上的姿態，否則就會犯下社交的大忌。無論面對誰，你都要盡量保持謙卑的姿態，都要讓對方覺得你是一個謙遜的人。同時你還要保持克制，盡量少說話多傾聽，無論你的表達能力有多強，你多麼想說話，無論別人觀點有多麼讓人難以接受，你都要忍住，都要識趣地站在一旁傾聽。如果你是個新人，那麼就更應降低姿態來襯托別人的高大形象。

潛規則往往很不公平，但是如果人人都按照潛規則辦事，那麼換一種思路來看它也是公平合理的。每個人都是社會人，你想要在這個世界上更好地生存下去，就要懂得遵守這個世界的執行法則，無論是明規定，還是潛規則，你都應該主動去接觸和嘗試。只有盡可能了解它們，你才能在生活中去利用它們。

遭遇潛規則並不可怕，可怕的是你對潛規則一無所知。一旦你不了解產業中那些潛在的標準和要求，你就可能會撞到別人的槍口上，被別人狠狠地踩在腳下。再者，你下次可能還會犯下同樣的錯誤，還會觸碰到那些禁區，會一而再再而三地吃虧，而當你了解了那些潛規則，下一次你就會注意自己的言行，甚至可以想辦法利用潛規則，從而讓自己更好地生存下去。

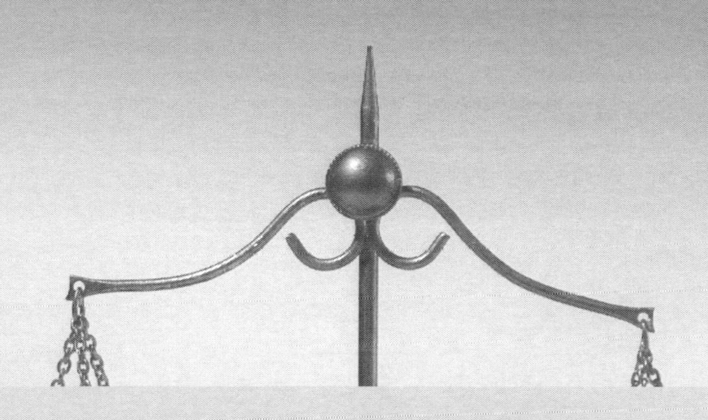

第十章

將「老實」進行到底，將「不老實」貫徹落實

1. 為什麼魯迅說老實人無用

魯迅先生曾經說過：「忠厚是無用的別名。」無獨有偶，法國作家歐諾黑·德·巴爾札克（Honoré de Balzac）也曾經在《高老頭》中說道：「清白老實一無用處。」作家劉震雲也曾在《我叫劉躍進》這本書中提到一個驚世駭俗的觀點：「寧可養一個賊，也不養一個老實人。」大家之所以會對老實人如此怒其不爭，說起來原因不外乎有如下幾個方面：

老實人比較善良，不願意傷害別人，也不願意與別人相爭相鬥，但同時也比較懦弱，總是一味退讓，沒有什麼進取之心。很多時候，老實人都是懦弱的代名詞，他們不懂得如何更加強勢一些。正因為如此，許多老實人在社會競爭中總是處在下風，沒有什麼能力去為自己爭取更多的利益。

老實人喜歡講原則，喜歡按照規定辦事，這原本是難能可貴的，可是老實人太喜歡講原則，所以為人處事比較迂腐，常常達到食古不化的程度，不懂得靈活轉彎，從而很容易得罪別人。所以老實人通常都會被人記恨，他們的社會關係非常狹隘，而且人際關係往往很糟糕。沒有人際關係網路的支撐，沒有他人的支持，老實人當然也就很難做出什麼出色的成績。

除此之外，老實人還主張求穩，凡事都小心謹慎，可是他們往往太過謹慎而缺乏勇氣和冒險的精神，無論做什麼事情都是中規中矩，從來沒想過要有什麼突破，也從來沒有想過如何讓自己的生活變得更好更精彩。老實人的一切都是僵化的，他們沒有任何創新意識，也沒有任何更高遠的追求。

在如今這個充滿競爭、講究依靠人力資源競爭的社會中，老實保守的人往往很難做出什麼好成績，無論是工作還是愛情，老實人都很難迎合別人的口味，都很難迎合時代的需求和發展。可以說老實人是一個獨立個體，他們的所作所為、一言一行往往和別人脫節，也是和時代脫節的。在競爭中他們以弱者的形象出現在最底層，在人際交往中，他們又不能及時調整自己的社交態度，稜角太過分明，這樣很容易和別人發生摩擦，從而樹敵眾多，增加了生存的壓力和風險。在自己奮鬥努力的過程中，老實人只知道埋頭苦幹，堅信勤能補拙，除此之外沒有什麼更好的辦法，也沒有任何創新的勇氣，過度的實在讓他們往往與發展機遇擦肩而過。

阿輝是個聽話懂事的人，從小到大都不會幹壞事，也不會去惹事，無論是家人還是鄰居都對他很放心，都覺得他的人品很棒，唯一的缺點就是太老實了，以致於三十多歲了還沒有找到媳婦。家裡人非常著急，因為大家都知道這樣年紀的人再也拖不起了，等到了四十歲，他就是一根人人嫌棄的老蘿蔔了。阿輝自己心裡也非常著急，可是他是一個不怎麼會說話的人，平時話就不多，所以根本不知道怎樣去和女孩子交流，家裡的老父老母還有兄弟姐妹只好全部行動起來，想辦法幫他介紹對象。

其實，阿輝人長得也不錯，心地又善良，所以還是有一些大齡女子願意和他接觸，可是每次都是女孩失望地離開，主要原因就是她們覺得阿輝的工作太差，薪資太低，這樣會帶給以後的生活很大的負擔。誰都想嫁個有錢人，誰都想自己的婚姻生活有足夠的經濟支持，可是阿輝的工作實在上不了臺面，女孩們都很現實，所以往往會表達自己的不滿。家裡人對此根本沒有任何辦法，他們只能催促阿輝向公司提一提意見，最好能夠加薪升遷，畢竟工作那麼多年，沒有功勞也有苦勞和忠心。沒多久，阿輝等來一次好機會，公司準備升遷員工，像阿輝這樣的老員工就很有機會獲得升遷，他在第一時間將這件事告訴家人，家人非常高興，同時又開始為他張羅新一輪的相親活動。

經過幾次接觸之後，有個女孩決定和阿輝相處一段時間，因為她覺得阿輝為人不錯，而且很懂得疼人，至於經濟問題，現在雖然還不好，但是將來可以再努力努力。看到自己的終身大事有了眉目，阿輝很是開心，父母也覺得阿輝應該拿出一些成績來，讓女孩家看看自己還是有潛力可挖的。很顯然，他們的意思就是讓阿輝盡量爭取升遷，哪怕送送禮走走後門也行，這樣就可以為結婚的事上一道保險。

阿輝表面上承諾著，可說實話，他心裡根本沒底，也不知道如何去努力爭取到升遷的名額，讓他做那些送禮走後門靠關係的事情，根本就行不通。所以當別的同事正在打通關係時，阿輝卻什麼也不做，乾巴巴地坐在家裡等結果。結果可想而知，名額早就被那些會辦事的人拿走了，他再一次與升遷擦肩而過。這時候那位女孩也忍不住了，雖然她並不是一個勢利的人，也不是一個貪圖權貴的人，但是她始終覺得一個男人至少應該有上進心，應該主動去爭取發展的機會。她認為那些在家裡等機會的老實人只會成為無用之人，根本沒有辦法生存得更好一些。就這樣，女孩毅然離開了阿輝。

老實人做老實事，可是老實做事往往不能產生好的效果，不能帶來好的結果。一個人越是老實，那麼他的發展機會和生存機會就越是低。這並不是說社會有多麼黑暗和不公平，而是說很多時候現實生活不適合太老實的人生存，因為這類人的行事準則往往不符合社會的遊戲規則，社會需要更圓通一些的人才，需要能夠靈活處理人際關係的人才，需要勇於突破陳規、勇於創新的人才，很顯然，這類人缺乏這些特質。

這個社會需要你，你才能生存下去。我們都是迎合和適應時代的發展變化來生活的，如果一個人總是堅持自我，總是太把自己所謂的原則當回事，那麼他就很有可能被這個社會淘汰出局。所以不懂得迎合別人的想法、不懂得迎合社會的需求、不懂得改變自己身上的缺點的老實人無論在何種情況下，自然也都一無所用，一無所成。

2. 抖掉蒙在「老實」身上的灰塵

很多時候，我們都會本能地討厭老實人，儘管很多人認為老實人不會做壞事，但是老實人往往很難做成功幾件像樣的好事。家長們總是一邊教育子女最好結交老實人，因為老實人不會欺負人，但一方面又希望自己的孩子不要太老實；有些父母覺得應該將女兒嫁個老實人，這樣就可以保證女兒婚姻的美滿幸福，可同時又覺得老實人沒什麼本事，將來女兒跟著他會受窮受苦。所以儘管表面上很多人都在喊著「喜歡老實人」的口號，可是現實中，並沒有多少人真正喜歡老實人，也沒有多少人願意讓自己成為老實人。

老實人容易相處，老實人不會苟且偷安，老實人行得正坐得端，老實人從來不會栽贓陷害耍心機，這些的確是老實人的優點，不過老實人身上的缺點同樣很多，而最大的問題在於老實人身上的缺點不但多，而且還太明顯。他們往往比較迂腐，為人處世不夠靈活，很容易得罪別人，還有就是常常非常軟弱，沒有勇氣也沒有冒險精神。在當今的社會上，性格也是決定命運的重要因素，性格不好的或者存在大缺陷的人，往往會面臨很大的困境，會面臨發展的瓶頸。老實人就更是如此，他們的性格缺陷非常明顯，所以在生存和發展過程中遇到的阻力通常也要更多更大。

想要將自己的命運緊緊握在自己手中，那麼首先就要有足夠的自信，其次就要懂得如何發揚自己的長處，並適度規避和改善自己的缺陷，及時清除人生路上的攔路虎。換句話說，每個人都要有自知之明，要看到自己身上的長處和優勢，同時也要及時發現並面對自己身上的不足和缺點。而老實人身上的那些不足和缺點就是造成這個社會對老實人發生誤解的重要原因，也是造成老實人發展受阻的原因之一。因此，如果老實人願意改掉那些缺點，願意適度地改良一下自己的形象，那麼老實人就會很受人家的歡迎，他們的發展道路也會更加順暢一些。

鄭凡原先是一個老實的人，可是他發現自己無論做什麼事都比別人差一點，有些人雖然沒有他那樣努力，可是做事的成績和效果都要比他好很多。在和別人相處的時候，鄭凡常常是那個最吃虧的人，有時候他甚至都想不明白為什麼自己做個好人，卻還要處處被人欺負，還要處處上當吃虧。有一次，他和朋友去喝酒，兩個人很快聊起了生活，結果鄭凡越聊越委屈，之後還哭著抱怨起來，說自己再也不當什麼爛好人了。朋友聽了又氣又好笑，拉著鄭凡的手苦口婆心地勸說一番：「你以為老實是好事，你以為老實人就一定是好人？你覺得老實是優點，可是別人未必也這麼看。」

朋友的話一下子就刺激到了鄭凡，他很詫異地看著朋友。朋友也坦誠相告：「鄭凡，你是我兄弟，我才如實告訴你，就你這樣的老實人，偶爾我也看不過去。」接著朋友把鄭凡身上和老實有關的缺點全部都揭露出來數落了一遍：迂腐、自命清高、辦事不爽快、胸無大志和目光短淺　等等。而且，朋友還抱怨自己曾經因一件小事請求他幫忙，結果被死腦筋的他拒絕了，這件事至今還讓朋友耿耿於懷呢！聽完朋友的話之後，鄭凡才恍然覺得自己原來並非是自己想像中的那樣受人歡迎。

此時，鄭凡明白了一些道理，自己之所以會吃虧、會失敗、會遭人煩，完全就是因為自己身上有那些缺點，自己原本或許真的可以做一個好人，可以做成一些皆大歡喜的好事，但是這些缺點的存在阻礙了自己，如果不及時改正過來，以後肯定還會吃虧，還會被人排斥。所以，他當場就讓朋友把他身上的缺點全部指出來，他一一記在紙上，以方便日後改正。而在今後的社交活動中，他也有意控制自己的行為，能變通的盡量變通一些，能爭取的盡量去爭取，正因為如此，他變得越來越受人歡迎。

事實上，我們對於老實人的看法常常會陷入一種常規的固定思維之中，認為老實人就是一副憨憨傻傻的樣子，迂腐、懦弱、死板這些通常都是老實人身上的標籤。可是事實上，這樣看老實人，其身上很多優點就被我們忽視了。當然，老實人也不應該就是我們想像中的那個樣子，不應該是一副迂腐懦弱的樣子，不應該是半點回旋的餘地也沒有的木頭人，老實人也應該有善解人意的一面，懂得為別人著想，懂得屈伸之道，懂得如何讓人際關係更緩和順暢。

這個社會需要老實人，這個社會的正常運轉離不開老實人，這個社會也需要給老實人更多的尊重，當然一切的前提是老實人要盡量將自己打造成為一個更迎合潮流發展的人物，要盡量摘掉以前那些戴在頭上的帽子，將那些缺點一一改正。總之，老實人要保持自己身上的優點，同時也需要及時改正自己身上的缺點，盡量當一個新時代的老實人。

▼ 3. 世上最聰明的人就是老實人

都說老實人是笨蛋，成不了大氣候，死腦筋，可是事實當真如此嗎？所有的老實人都會是死板沒腦子的人嗎？事實上，有些老實人只不過是披著懦弱無能的外衣而已，他們在本質上還是非常聰明和強大的，而且歷史上的確有很多看似老實的人，實際上都是大智若愚的角色。

美國第九屆總統威廉·亨利·哈里森（William Henry Harrison）幼年是個沉默的孩子，別人都當他是傻瓜，於是經常有人戲弄他，將一枚五分的硬幣和一角的硬幣扔在地上讓他選擇，結果每次哈里森都選擇那枚五分的硬幣，大家都嘲笑哈里森是個傻瓜。有一次，一個婦女提醒他說：「威廉，難道你不知道一角要比五分值錢嗎？」哈里森慢條斯理地回答說：「我當然知道，不過如果我撿起那個一角的硬幣，恐怕他們就再也沒有興趣扔錢給我了。」

其實，在我們的生活中，看似老實實則十分聰明的人也並不少見。

在一場面試上，面試官讓所有的應徵者都站到前面去講一講自己的工作經歷，結果許多人都走上前自信滿滿地把自己的能力和工作經驗說了一遍。有的人說自己曾經在某某大公司裡工作過，有很強的工作能力，而且所接觸的東西也很多。有的人認為自己工作多年，有很豐富的工作經驗，無論自己做什麼都能夠輕鬆應對。有的人介紹了自己成功的經歷，訴說了自己有過怎樣光輝的履歷，獲得過怎樣出色的成績。有的人則認為自己很有潛力，而且對新事物的接收特別快，能夠在短時期內適應工作並創造收益。有的人覺得自己有很強的創新能力，能夠實現自我突破，能夠創造更大的價值。

就在大家都試圖把自己描述成無所不能的完美先生時，小強卻反其道而行之。自己什麼優勢，什麼業績，什麼經驗和能力，他不但一個都沒有說，反而說出了自己曾經失敗的經歷，說出了自己的各種缺陷和不足。小強的話還沒有說完，周圍的人群中就有人竊竊私語，還有人偷偷在笑。和小強一塊前來面試的朋友見到這種情況，一直在旁邊搖頭，他見過老實人，卻從未見過這樣的老實人。面試過後，他立即把小強叫到身邊，然後狠狠地訓斥了小強一番，告誡他下次一定要往好的方面說。

可是幾天之後，面試結果公布出來，在眾多優秀的應徵者當中，老實的小強竟然脫穎而出，成為了唯一被錄用的人。大家都質疑面試官的評判標準，就連公司內部的人也覺得這樣的結果實在出乎意外，按照正常的思路實在很難理解。有個陪同面試官一起面試的職員非常好奇地問面試官：「為什麼那麼多優秀的人都落選了，而這個老實謹慎，看上去還呆頭呆腦的年輕人會被錄用？」面試官賣了個關子：「因為他是最聰明的。」

最聰明的？這樣的答案讓職員更是摸不著頭緒，這樣老實的人沒被說成是傻瓜就算不錯了，怎麼會是最聰明的呢？面試官看到職員的臉上滿是疑惑，於是笑著解釋說：「當別人都在那裡反覆說自己如何好時，實際上是一種欺騙，他們向公司隱瞞了他們的缺點和失敗，而這些很可能會帶給我們公司很大的損害。小強則毫不隱瞞地說出自己的不足，這恰恰打了一劑預防針給我們。更重要的是，那些成功的人在迴避自己的失敗，這就證明了他們的缺點一直存在，而勇於說出自己身上缺點的人，往往證明他已經改正和完善了自己，至少他意識到了這些問題會造成的危害，而這就是公司最需要了解的，也是最看重的。你覺得這個小夥子很老實，其實他比所有人都聰明，比所有人都了解公司最需要什麼。」職員聽了之後，才恍然大悟。

哲學家說不要被自己的眼睛矇騙了，很顯然我們對於老實人的看法應該適當做出一些調整，我們應該更加客觀全面地來看待老實人，應該用更加理性的姿態來評價老實人。換句話說，既然不是所有的老實人都是迂腐、死板、不懂得變通，有些老實人的所作所為真的很讓人吃驚，那麼我們就不應該千篇一律地去看待老實人，而是要意識到這些老實人的聰明之處。那麼這些老實人的聰明究竟展現在哪些方面呢？

這些老實人表面上沒有什麼能力，看上去有些呆呆的，但是他們其實很有能力，只不過他們更善於保護自己罷了。相比那些到處炫耀的聰明人來說，這些老實人往往更加懂得如何隱藏自己的實力，從來不會在公共場合炫耀自己，反而會把自己看得很低，把自己裝扮成一個一無是處的弱者。都說笨鳥先飛，這樣的老實人實際上比那些急於出頭、急於表現自己的人更容易獲得發展機會。

這些老實人從來不會弄虛作假，不會自欺欺人，他們辦事總是勤勤懇懇、踏踏實實，所以他們的成績和業績往往經得起推敲，經得起時間的考驗。有些人喜歡做一些表面功夫，弄一些花花架子，而內在卻空無一物，所以他們永遠都只是看上去很美而已，等真正到了關鍵時刻卻總是把事情搞砸。這些老實人則不會去耍一時的小聰明，他們懂得什麼才是真正的智慧。

這些老實人胸襟開闊，能夠包容別人，就算別人有意傷害他們，他們也不會輕易和別人發生摩擦，無論別人如何挑釁他們，他們都懂得克制自己的情緒，不會輕易和對方計較，更不會因為受到刺激而做出什麼過激的事情來。他們這樣做往往能很好地進行自我保護。相比那些容易感情用事、衝動行事的人來說，這些老實人不會輕易動怒，不會輕易讓自己身陷險境，他們始終都明白退一步海闊天空的道理。

這些老實人守信用，言行一致，言必行，行必果，所以往往很容易獲得別人的信任。誠信是人際交往中的根本，沒有誠信，就不會存在真正的朋友和信任，當然也就不會存在真正意義上的溝通和交流。有些人為了私利不惜出賣朋友，不惜背叛自己的信譽，結果雖然獲得了一時的利益，但是從長久來說卻是得不償失，再也不會有人願意和他們交往。而老實人卻能堅持原則，絕對不會做那些背信棄義的事情，別人的事他們只要答應就一定會努力做到，這就為他們自己樹立了良好的口碑。

這些老實人不具備攻擊性和威脅，總是帶給人安全感。如果問最讓人放心的人是什麼人呢？猜想十有八九的人都會認為是老實人。人們之所以願意相信老實人，關鍵就在於老實人足夠安全，不會損害別人的利益，所以他們都願意與這樣的老實人接近。

認真總結起來，其實我們可以發現這些老實人身上具備很多優點，只不過我們被世俗的想法所束縛，常常貶低了他們的地位和價值，甚至覺得他們的智商情商都有問題。但事實上，這些老實人不僅不比任何人差，相反地，往往比一般人還要更加聰明，他們擁有一套自己獨有的行為方式，擁有自己獨特的見解，而且無論環境怎麼變化，無論生活如何繼續，他們都可以保持本色，可以毫不動搖地創造屬於自己的美好生活。

正因為這些老實人常常處在弱勢地位，所以他們才會更加小心謹慎，才懂得想辦法隱藏和保護自己，也才懂得用心結交朋友來尋找更多的依靠和支持。從這一個方面來說這些老實人反而更加懂得如何用腦子來生活，更加懂得如何在紛繁複雜的社會關係中明哲保身，可見他們才是那些最最聰明的人。

4. 做個不老實的老實人

生活中，我們常常會遇到這樣的情況，當你老老實實兢兢業業工作時，別人說你沒腦子，只會埋頭做傻事；當你精明一些時，別人又覺得你只會苟且偷安，到處占別人的小便宜。結果當老實人被人罵，做不老實的人同樣被人罵，弄得怎麼做都不是人。既然我們既不想被人說是傻瓜，也不想被人罵作狡猾，那麼不妨將兩者結合起來，當一個不老實的老實人。

從表面上看，老實與不老實是相互對立互不相容的，老實人就注定了不會不老實，不老實的人也注定了不可能老老實實處世。但是事實上，老實和不老實根本就沒有本質上的衝突，並不是說老實一定就好，而不老實一定就壞。對任何人來說，他們都可以將這兩種特質結合在一起，相互之間取長補短，這樣既能有老實人的忠厚善良，同時又能有不老實人的靈活和聰明。當然，想要當一個不老實的老實人，那麼就要懂得去改變自己原先的生活方式，改變自己陳舊的想法，盡量讓自己變得更開明一些。

第一，要懂得當一個能說會道的老實人。這個社會越來越開放，人與人之間的交往溝通也越來越頻繁，這也勢必要求我們要會說話，多說一些好話。會說話的人往往善於交際，沒有什麼太大的社交障礙，可以輕鬆地和別人聊開，而且還能夠讓別人更快地接受自己。另外，會說話的人總能夠掌控住現場的氣氛，能夠盡可能地吸引他人目光，成為別人眼中的焦點。很多時候，我們都認為話要少說，不要在別人面前大出風頭，更不要油嘴滑舌。可是說話並不是越少越好，你什麼也不說，別人就不知道你在想些什麼，對方也就無法了解你的心，更無法靠近你。從現在開始，你需要及時張開自己的嘴巴，盡量當一個能說會道的老實人，這樣才能更好地適應周圍的社交環境。

第二，在資本主義經濟時代要打一些自己的小算盤。天下熙熙攘攘，所來所往者都是為名利而已，尤其現在是資本主義經濟時代，無論做什麼都應該多考慮切合自己實際的利益。我們也應該多為自己的生活作打算，為自己的利益多想一些辦法。做人不要太老實，更不要輕易就去吃虧，是自己的東西就不要輕易讓給別人，是自己想要的東西就要努力奮鬥。不要覺得和別人搶東西是什麼醜事，只要合情合理，人為自己所求而努力，這根本就是天經地義的事。必要的時候，我們可以有一些私心，可以精明一點，多為自己的生活打一下小算盤。

第三，靈活變通，不要死守規矩。遵守原則是一種生活態度，而不死守原則往往是一種生活技巧。講原則的人當然是正直的表現，但是講原則也要掌握分寸，很多時候可以謹守原則寸步不讓，但是有時候也可以適當地通融一下。做人要張弛有度，過於正直的人不懂得屈伸之道，很有可能會被這個社會環境壓彎壓折，而懂得變通靈活處世的人，總是可以在不同的環境中左右逢源遊刃有餘。其實只要沒違背大原則，那麼你適當地改變一下自己的做人原則沒有什麼不好，而且如果改變對大家都有好處，那麼為什麼不嘗試著去做出一些改變呢？

第四，留點慾望給自己，要知足但不要太容易滿足。知足者常樂，但是過分知足的人很有可能過著過著就過得不開心了，畢竟不是所有人都是聖人，也不是所有人都可以忍受無聊平淡的生活。心如止水的人很難做，而且心如止水也同時意味著你的生活可能是一潭死水，根本沒有什麼精彩可言。

有些老實人覺得錢是罪惡的，可是有錢人並不總是壞人，相反地，貧窮才是罪惡的表現，因為它每天都讓幾千萬人掙扎在生死線上。其實罪惡的不是錢，而是我們自己，只要心中有正氣，只要取財方式和花錢方式不違背道德法律，那麼我們的錢就是乾乾淨淨的，我們就犯不著為此擔憂，更不要有什麼負罪感。你覺得當官的人很容易遭到別人的唾罵，認為有權有勢的人都是壞人，可是你有沒有想過，如果你自己想辦法爬到了高位上，那麼不就可以利用手中的職權去幫助別人，就可以想辦法懲治那些壞人？

其實你不妨捫心自問一下，難道你真的不想成為有錢人嗎？難道你真的不想自己擁有很大的權力？很多時候，我們既然有這樣世俗的想法，那麼就不妨世俗一點，不要被一些想法所拖累，故意壓制自己的慾望。做人還是灑脫一點比較好，要盡量放開自己的胸懷，不要總是被那些陳舊的思想束縛住，平時還是有一點追求比較好，有個目標，有點慾望，這樣才能有一點上進心，才能過得更有滋味。

許天明大學畢業以後決定去做生意，父親堅決反對，他覺得兒子為人老實了點，根本就不適合那種充滿奸詐複雜的商場環境，到時候，賺不到錢不說，搞不好還會上當受騙。他很擔心兒子會栽在別人手裡，認為與其這樣冒風險，還不如找份穩當一點的工作，安安心心地過日子，再說了，家裡的經濟條件非常好，什麼都不缺，根本用不著兒子來賺錢養家。其實父親的想法也沒什麼不對，畢竟生意場上的事情都太過複雜了，只有那些頭腦靈活、有心機的人才能夠生存下去，才能夠賺到錢。不過許天明覺得自己不能老是活在父母的庇佑之中，他想出去闖，哪怕跌倒幾次也無所謂，跌倒了就姑且當作是交學費給生活，所以他堅持去嘗試一下。家裡人勸不動他，只好給了他一筆錢讓他去做生意。

許天明主要做的是幫一家機械公司做經銷商。做這一行的利潤很大，但是唯一的缺陷就是很多顧客都喜歡欠款，一般都是付完押金取走產品後，就沒了下文。那些所謂的老闆也都是老練之人，反正能拖多久就拖多久，他們也不是不還錢，就是希望能夠少付一點，重要的是有些人不喜歡簽合約，覺得這樣做很不夠意思。而且即便簽了合約，很多時候也沒什麼用，因為等到按合約來催促對方還錢的時候，公司的資金周轉恐怕早就出現問題了，尤其是像許天明這樣的小公司。這是一個難題，但也很讓人無奈，想要賺錢，你就必須要面對客戶們的刻意拖欠行為，許天明也接觸過這樣的客戶，而且的確吃了不少虧，為了維持資金周轉，他甚至私底下去銀行貸款。

有一次，有個大客戶一次性就要走了幾百萬的訂單，這幾乎是許天明公司三個月的營業額，他自然非常高興，但同時也很糾結，因為這個客戶只能先支付一百萬，剩下的只能過一段時間慢慢還清。這無疑出了大難題給許天明，如果同意對方的要求，那麼公司的資金就面臨短缺，如果拒絕，那麼這筆大生意就白白錯過了。這時候，他突然想起了蘇聯人過去賣軍火的事情，精明的蘇聯人每次都把最核心的零件最後交貨，以防止意外和不測。他一下子就受到了啟發，自己為何不可以像蘇聯人那樣做呢？只要把那些最核心的機器零件留在手中，那麼對方遲早會屈服的。想到這裡，他就答應了客戶的要求。結果那個客戶過兩天就跑過來了，說是有些機器少了一些零件，根本沒辦法工作。許天明說那些零件一般都是全額付款後才能交貨的，這位客戶沒有辦法，最後還是老老實實交出了剩餘的欠款。

父親原本只是希望兒子在做生意的過程中挫挫銳氣，接受一點教訓，以後就不會衝動行事了，可是沒想到兒子竟然一下子就成功了，而且兒子並不像表面上看上去那樣老實文弱；相反地，骨子裡還真有商人的那一份精明能幹，做起事來完全像個老練沉穩的生意人，偶爾還有點城府。這下父親徹底放心了，忍不住誇讚兒子：「完全像個商人。」許天明笑著回應說：「老實人偶爾也可以不那麼老實的嘛！」

想要迎合時代的發展，想要成功融入別人的生活圈中，老實人就要懂得主動去改變自己，懂得吸收那些好的東西，懂得彌補身上的不足，也就是說凡是好的就要拿來利用，凡是不好的就要堅決地拋棄和改正。世界需要我們更加靈活一些，那麼我們不妨靈活一些；世界需要我們展示自己不老實的一面，我們就不妨安安心心當一個不老實的老實人。

▼ 5. 老實人應做到的「老」與「實」

大家對於老實人的解讀往往停留在字面上，認為老實就是呆板迂腐的意思，就是懦弱無能的意思。然而從字面上來說，「老」也可以理解為老練、老成，「實」也可以理解為實在、踏實，這樣一來老實實際上就有了一種全新的解釋，而我們也需要用這樣的標準來看待老實人，用這樣的標準來做一個真正的老實人。

說一個人時帶個「老」字，那麼也可以說這意味著這個人資格老，意味著他的人生閱歷很豐富，而且做事很有經驗，能駕輕就熟，不會犯一些明顯的錯誤。簡單地說，「老」更多地側重經驗的豐富和心智上的成熟，表現出來的是老練、老辣、老道。

老練一般指生活經驗很足，做事情很乾脆，不會拖泥帶水，而且往往非常穩重。就像曾國藩說的那樣：「打仗不慌不忙，先求穩當，次求變化；辦事無聲無息，既要精到，又要簡捷。」曾國藩本人就是一個老練的人，辦事很沉穩，而且總能抓住重點。更重要的是，他還懂得隱藏自己，懂得在積極進取的同時保護好自己。

老辣則表明一個人辦事的能力，更加注重內在的沉鬱之氣，簡單來說就是肚子裡有貨，功力很深。這樣的人無論做什麼事情都可以做到恰到好處，無論面對什麼樣的困難和環境，都能夠從容應付，而且往往不會留下任何攻擊的藉口和機會給對方。老辣的人表面上可能很普通，但城府卻會很深，非常精明，根本不可能輕易被人算計和傷害，而且一旦攻擊起來，往往就會很犀利迅速。

至於老道，其實和老練差不多，通常指一個人辦事方式很得當，事情做得很到位，做人也很講究策略和技巧，不會感情用事。這種人往往見多識廣，所以辦事總會留一手，不會輕易得罪別人，更不會把自己的路給堵死，也不會輕易落入別人的陷阱之中。

我們需要改變自己的思維，老並不總代表著落後、死板、遲緩，它也可以代表著生活閱歷豐富、代表著為人處世的方式很有水準，通常深諳世故的人都具備這樣的特質。做人就要像生薑一樣，越老越辣，也要像酒一樣，年分越久遠越是甘洌香醇。這樣的人為人處事才能夠做到處變不驚，才能夠做到遊刃有餘。

老李是一家公司的老員工，在大家眼中是一個老實本分的人，平時年輕人在那大大咧咧地說話開玩笑，他總是一個人坐在旁邊安靜地聽著，從來不會去攙和。而一旦辦起事來，他又像變了個人似的，看上去幹勁十足，幾乎從來不會半途休息一下，更別說偷懶了。年輕人喜歡玩，所以他們經常會想辦法偷懶，或者乾脆讓老李一個人多做點，而老李每次都笑呵呵地工作，就像什麼事也沒發生一樣。正因為如此，大家都覺得老李這個人太老實，腦子不是很好用，所以一輩子都只能在底層打滾。

有一次，公司裡來了一個新的客戶，主管們對此非常重視，希望能夠盡快搞定這筆大生意。但是這個客戶脾氣非常怪，雙方還沒開始談判，他就開始挑剔這，挑剔那，不是抱怨這裡不好，就是埋怨那裡不對。很多員工都不知道該如何「侍奉」好他，不僅工作任務沒能完成，而且還惹得自己一肚子的怒火。就在所有人都覺得合作的事情根本沒譜的時候，老李主動請纓要去和對方談一談。一開始同事們還很懷疑，因為在他們看來老李這樣的老實人不被對方羞辱一番就不錯了，想要說服對方那簡直就是天方夜譚。

可是令所有人都感到不可思議的是老李竟然成功了，當他從會議室出來的時候，那個客戶竟然笑著主動和他握手。大家覺得很奇怪，不知道老李是用什麼方法來征服這個難纏的對手的。老李只是微微一笑，說了兩個字：「冷落。」原來別人每次一談判就總是抱著求人的態度，這時對方當然就會趁勢提出一些苛刻條件，這就讓自己處在不利的位置了。而老李的辦法和別人恰恰相反，他明明知道自己需要這樣的客戶，但是他也明白對方同樣需要自己這樣的合作夥伴，否則也不會辛辛苦苦跑來談判，所以他乾脆採取不聞不問的態度，這樣反而讓對方不知所措，著急起來，而這時他自然就掌握主動權了。

聽了老李的話，大家才恍然大悟，這才發現老李是真人不露相，原來是深藏不露的高手，於是紛紛讚美老李的能力，都說薑還是老的辣。而老李卻謙虛地回應說：「我只不過是比你們多吃了幾年的飯，見識的東西比你們多一點而已，像這樣的客戶每年都會遇到幾個，所以現在都有心得和經驗了。」

做人要「老」，但是僅僅「老」往往會偏於狡猾，而且容易讓別人覺得這樣為人實際上很輕浮，所以我們做人在「老」的基礎上還要做到「實」。所謂實，並不是說為人不懂得變通，也不是說木訥，不善言談，而是要追求內在的充足飽滿，為人要腳踏實地、實實在在，一切都要一步一個腳印地來，不要總想著如何去走捷徑。

做人要「實」，那麼首先就要懂得去實踐，要將事情從理論落到實處。你說了什麼承諾了什麼就要懂得去做。只有去付諸實際行動，你所說的東西才能有價值。落到實處也就意味著你不是一個只靠嘴巴吃飯的人，意味著你是一個敢想敢說敢做敢當的人，不僅懂得如何做人，更加懂得如何做事。

其次，做人要實際，說得直白點就是做任何事情都從實際出發，都懂得按客觀環境和規律辦事，不主觀地判斷事情的好壞、衝動地做事。做人要穩重，要實事求是，每一步都要踏踏實實去走，不要總想著能夠一步登天，不要隨隨便便就貪功冒進。你違背了實際情況，就注定要承受失敗。所以我們能做的就要努力去做，暫時無法去做或無法完成的，就不要輕易去行動。從實際出發就是要求我們正確看待自己，既不自卑也不盲目自大。

再者，做人要實在，這更多的是一種做人的態度。實在人往往不浮誇、不吹噓、不炫耀、不欺騙，無論做什麼都踏踏實實，不會想辦法糊弄別人，更不會想辦法矇混過關。這種人往往待人真誠，說什麼就是什麼，不會口是心非，更不會當面說一套，背後做一套，總是能夠取得別人的信任。

如此說來，如果說「老」更加側重於辦事作風，那麼「實」則更加注重內在的修為，一個是做事的方式，一個是做人的態度。為人處世既要有做人的基本原則，也要有處事的謀略和經驗，只有將這兩者完美結合起來，才是真正有魅力的人。所以老實人應該樹立自己的新形象，在好好做人的同時，應該變得更加精於世故一些；在好好做事的時候，又能夠懂得如何做人。既會做人，又會做事，這才是老實人應該追求和學習的。

老實人也有小心機，從被動到主動的精明哲學：

巧用心機至適度強勢，全面提升社交能力，老實人在現代社會中的新活法

編　　著：酈英娜
發 行 人：黃振庭
出 版 者：財經錢線文化事業有限公司
發 行 者：財經錢線文化事業有限公司
E-mail：sonbookservice@gmail.com
粉 絲 頁：https://www.facebook.com/sonbookss/
網　　址：https://sonbook.net/
地　　址：台北市中正區重慶南路一段 61 號 8 樓
8F., No.61, Sec. 1, Chongqing S. Rd., Zhongzheng Dist., Taipei City 100, Taiwan

電　　話：(02)2370-3310
傳　　真：(02)2388-1990
印　　刷：京峯數位服務有限公司
律師顧問：廣華律師事務所 張珮琦律師

-版權聲明

本書版權為出版策劃人：孔寧所有授權崧博出版事業有限公司獨家發行電子書及繁體書繁體字版。若有其他相關權利及授權需求請與本公司聯繫。

未經書面許可，不得複製、發行。

定　　價：375 元
發行日期：2024 年 07 月第一版
◎本書以 POD 印製
Design Assets from Freepik.com

國家圖書館出版品預行編目資料

老實人也有小心機，從被動到主動的精明哲學：巧用心機至適度強勢，全面提升社交能力，老實人在現代社會中的新活法 / 酈英娜 編著 . -- 第一版 . -- 臺北市：財經錢線文化事業有限公司 , 2024.07
面；　公分
POD 版
ISBN 978-957-680-919-4(平裝)
1.CST: 人際傳播 2.CST: 自我實現 3.CST: 生活指導
177.3　113009577

電子書購買

爽讀 APP

臉書